रामपाल डोगरा 'पाली'

गीत पटारू

(डोगरी गीत-संग्रह)

गीत पटारू

(डोगरी गीत-संग्रह)

रामपाल डोगरा "पाली"

राजर्षि प्रकाशन

नागवनी रोड, जम्मू।

गीत पटारू

First Edition, July, 2022
Price Rs.250/-
Cover Design : Raj Rishi Sharma
& Rampal Dogra 'Paali'
©Copyright, 2022, Raam Pal Dograa 'Paali'

रामपाल डोगरा (पाली)

समर्पण

प्यारे पाठको

एह् मेरा पैह्ला गीत-कवता संग्रह ऐ। मैं इसगी अपने पूज्य माता जी श्रीमती कृष्णा देवी ते स्व० श्री सरदारी लाल जी होरें गी भेंट करां'नां। मेरे जीवन गी सफल बनाने च दोंनें दा अन्मुल्ला योगदान ऐ। मेरे उठ्ठनें बौंने, गल्ल करनें, मिलनें मलानें ते हासें इच उंदा परछांमां लबदा ऐ। इस पौथी राहें मैं उंदी दस्सी दी बत्था प किश गीत लिखे न। परमात्मा करै मेरे सवाऽ च उंदी सिक्ख मत बनीं दी र'वै ते जीवन च खुशियां औंदीयां रौंन।

तुंदा सुपुत्र
रामपाल डोगरा (पाली)
7006307522

दौं बोल "गीत पटारु दे'बारे' च

रामपाल डोगरा "पाली" हुंदी "गीत पटारु" नांऽ दी पोथी दी पांडूलिपी पढ़ने दा मौका थोह्आ। जिसदे इच नमें गीत-कवतां लिखीयां गेदीयां न ।

कवि दी इन्नै रचनाएं च करसानैं सरबंधी समस्यां ते तजरबें दा परशांमां लवदा ऐ। समाजिक त्रुटियां, पीड़ा,इरख,बछौड़ा ते भांत-सभांते दे रंगें च रंगोई दी दुनियां दे विषयें प लोऽ पाई दी ऐ। कवि दी हर इक्क रचनां नमीं खश्शो ते तकोदी सोच गी लेईयै लखोई दी ऐ। पाठकें गी एह् नमें गीत जरुर पसंद आङन ते उदें मनें च इक्क थाह् बनांङन।

एह् मन्नेया जाई सकदा ऐ,के लखारी इन्नै गीतें राहें अपने मनें दे बुआल कड्डीऐ अपनी गल्ल डुग्गर बस्नीकें ते पाठकें गी मालामाल करना चाह्दे न। आऊं इंदे प्रयास गी डोगरी साहित्यिक च आई रलनें तांई डूंगयां ते दिली म्मारखां देया'रनां। मेद ऐ लेखक इस खेत्र च अपनींआं होर बी रचनां जोड़ङन।

शुभकामनाएं कन्नै
राज ऋषि शर्मा
वरिष्ठ लेखक, कवि, रचनाकार, जम्मू

रामपाल डोगरा (पाली) हुंदे
"गीत पटारु" दे बा'रै च

हर लेखक गीं अपनी पैह्ली कताब दे औनें दी मती खुशी होंदी ऐ ते होनी बी चाही दी। इस्सै चाल्लीं लेखक अग्गैं बधदा ऐ ते पाठकें गीत उह्दी लेखनी दी ताकत दा पता चलदा ऐ। हमें दे कन्नैं बदलोंदी सोच च केह् सोच ऐ ते औने आह्ले समें च उस दी सोच च केह् तब्दीली आवै करदी ऐ, इस गी समझने ताईं जरुरी ऐ जे इक अंतराल दे बाह्द लेखक दी अगली कताब छपियै सा'मनै औनी गै चाही दी। इस लेई मेरा इक मन ना ऐं जे समें दे कन्नैं कन्नैं लेखक नैं कताबां छपवाने च आह्लक नेईं करना चाहिदा ।

समां बदलदा-सोच बद्लदी-हालात बदलदे ते लेखक दे आसैं-पासैं वक्त दे कनै जे किश बी घटदा,उसदा टकोह्दा असर लेखक उप्पर बी पौंदा। इनें बदलोंदे हालात गी लेखक अपनी कलम कन्नै तफसील कन्नै लिखदा ते ओह् लिखदे कदैं क्हानीं जां उपन्यास बनीं जंदे जां कवता दा रुप धारन करी लैंदा ऐ। इयां गै, इस्सै चाल्लीं उस भाषा दा साहित्य इतहास दा ओह् सब रचनां हिस्सा बनीं जंदियां। ते औने आह्ले गी,उस खास समें च रचोदे साहित्य बारै ते होदियें तबदिलियें बारै पता चलदा। इस करी इस दी खास एहतियात ऐ ।

एह् इक संदोख आह्ली गल्ल ऐ जे अज्ज-कल्ल डोगरी दियां हर साल बेशमार कताबां छपै करदियां न। इंदे च उपन्यास, क्हानीं संग्रैह, कवता-संग्रैह, लेख, नाटक, निबंध, आलोचना बगैरा यानिके हर किस्मां दिंयां कताबां धमाल न।

मेरा मनना ऐं जे मते थमां मता साहित्य लखोना ते पाठकें दे साह्मनै औना चाहिदा। इस चाल्ली डोगरी भाषा खासी दौलतमंद होई जाह्ग ते यकीनन औने आह्लियां डोगरा नसलां इस नमुल्ली बरासत उप्पर मा'न होग।

नमें लखकें दे मूं'ड़े उप्पर ओह् सब किश करने दी जम्मेबारी ऐ, जेह्ड़ा हून तकर नेईं होआ। औआं इक बाह्दे आह्ली गल्ल एह् जे डोगरी लेखकें दा काफला मता बड्डा होई गेदा ऐ। पर, जियां मैं उप्पर आक्खेआ, उंदे उप्पर जम्मेबारियें दा भार मता ऐ। ते मिगी पूरा यकीन ऐ जे मजूदा यूवा डोगरी लेखक इस तथ्य गीत समझियै मेदें उप्पर पूरा उतरड्न।

रामपाल डोगरा "पाली" अपनें गीतें ते कवतें दी किताब "गीत पटारु" डोगरी दे पाठकें गी सौंपैं करदे न। लेखकें दे काफले च इदां शमार होई गेआ ऐ। एह् इक म्मारख आल्ली गें ऐ ते कन्नै गै कन्नै खुशी आह्ली बी।

अ'ऊं "पाली" होरें गी मतें चिरें थमां जानना। एह् इक सोह्गे पत्रकार न। तकरीबन हर साहित्यिक कार्यक्रम च एह् शामल होंदे न ते अपने पत्रकारी दे कम्में गी बखूबी नमांदे न। मिक्की एह् नेईं हा पता जे एह् कवि बी हैन। इस गी अ'ऊं अपना कसूर मनना, जे अपने अग्गे-पिच्छे लोकें गी पूरी जानी नेईं सकेगा।

गीत पटारु

"गीत पटारु" इंदी पैह्ली कताब ऐ। इस संग्रैह् च 96 कवतां ते गीत छामल कीते में गेदे न। में इस्सी इक अच्छी शुरुआत मनना। गीतें राहें मनें चा निकलने आह्ले भावछु आलें गी खरी चाल्ली दर्शांदा ऐ। कोमल ऐहसास शब्दें दा रूप लेई गीतें दी शकल च साढ़ै साह्मनैं न।

"पाली" होर काफी संवेदनशील न ते मनें चा उज्जने आह्ले भावें गी गीत जां फ्ही कवता दा रूप दिंदे न। एह् समाज गी सौह्गे तरीके कन्नै परखदे न। ते उस च उपजै करदे मसलें गी उजागर करने दी कोशिश करदे न।

मेरी दिली तम्मन्ना ऐ जे रामपाल डोगरा "पाली" होर अपने इस सफर गी जारी रक्खन ते अपनी भाषा गी बद्ध थमां बद्ध सगातां दिंदे रौह्।

शुभकामना कन्नै
शिव देव सुशील

किश गल्लां अपने बारे इच

आदरजोग साहित्यकारो ते पाठको, "गीत पटारू" नांऽ दी ऐ मेरी पैह्ली डोगरी पोथी ऐ,जेह्दे राऐं में अपनें मनें दे भाव प्रगट करने दा जतन कीता ऐ। कताब थुआढ़ै हत्थें सौंपदे होईं मिगी बड़ी मती खुशी बझोआ करदी ऐ। इस शुभ कारज दे सबूरे होने कन्नै असल च परमात्मा ने मेरा केईं ब'रे पराना इक सुखना सच्च करी दित्ता ऐ। तुसेंगी अपने बारे किश जानकारी देना चाह्न्ना। मेरा जन्म 3 नवंबर 1961 गी ,ग्रां झंग (तसील रामगढ़ ते जिला साम्बां,जे एण्ड के यूटी) दे इक करसान परौआरै च होआ हा। मेरे आदरजोग पिता जी दा नांऽ श्री सरदारी लाल ते माता जी दा नांऽ श्री कृष्णा देवी ऐ।

मिगी चेता ऐ जे ब'रा 1971 दी लड़ाई दे परैंत साढे ग्रां दे आले-दुआले दे ला'कें च सरकारै दी तरफा भारती फौजीयें दे मनोरंजन गीते पंजाब थमां कलाकारें दियां टोलियां औंदियां हियां। एह् कलाकार गानें बजानें दे अलावा, रास, ड्रामा जां डांस दे परोग्राम बी करदे होंगे हे। फौजीएं ते कन्नै कन्नै आम लुकाई बी उं'दे परोग्रामें दा नंद लैंदीही। बाद च किश होर बी टोलियां औंदियां रेंईयां,जेह्ड़ियां ग्राएं-पिंड़े च हर पिंडैं च रामलीला ते रास दा प्रदर्शन करदियां हियां। कीजे एह् सारे परोग्राम में बचपुनै शा दिखदा हा,इसकरी इंदा प्रभाऽ मेरे जैह्ऽ प पौंना लाज़िमी हा। आऊं बी होरने दे कन्नै कन्नै मनोरंजन दिखदा हा। औंदूं ब्याहें-कारजें दुरान घर-घर लाउड-स्पीकर बजानें-चलाने दा बी बड़ा मता रवाज़ हा, जेह्ढा मेरे भलोके दमाक पर मनभांदा ते अच्छा खासा असर छोड़दा हा।

लौकी बरेसा च गै मिगी खेती-बाड़ी दे कम्में च बी रुज्झना पेआ हा। खेतरें च कम्म काज़ करदे होईं मिगी बनसबन्ने ते रंगीन सुखने दिक्खनें दी आदत पौंदी जा'रदी दी ही ।

कनक, मुंजीं,बाजरा, मांह, मुंगीमोठ, तिल, कमांद, मक्क, सण मुंगफली मसरें दे अलावा सब्जियें दी बी लाई बाई कीती जंदी ही। शैद एह् ज़िमीं कन्नै जुड़े होने दी गै बजह ऐ जे कदे कदे मेरी रचनाएं च करसानी सरबंधी तजरबें दा छौरा झलकन लगी पौंदा ऐ ।

मेरे पिता श्री दी साहित्य च बड़ी दिलचस्पी ही। राई बाईं दे दरान कारजें च रूज्झे दे बी ओह् महाकवि कालिदास जां दया सिंह दया दियां रचनां मुंह्-जुबानी गांदे ते पढ़दे हे शेरो-शायरी बी उंदा शगल हा ते अपने दोस्तें मित्तरें कन्नैं बैठे दे ओह् अक्सर गांदे बी हे। उंदें ऐ सारे शौंक मिगी बड़े गै भांदे हे। में केई बारी उ'नेंगी "जिंदगी बिलास" नांऽ दे मशहूर रसाले दियें रचनाएं गी मुंह्-जुबानी बोलदे सुनेआ हा। मुंढली बरेसा च इनैं सारियें गल्लें कन्नैं दो चार होना मेरे गित्तै बड़ा भागला सिद्ध होआ हा, ते मेरी साहित्यक-रूची च दिनों दिन बाध्दा होंदा रेआ हा। बचपुनै च थ्होदे उ'नें संस्कारें मूजब गै समें दे कन्नैं-कन्नैं मिगी किश नां किश नमां करने-लिखने दी परेरना थ्होंदी गेई ही।

ब'रा 1975 च मेरा दाखला जमात छेमीं ग्रां घोऽ बरैह्णां दे सरकारी हाई स्कूलै च होआ हा। रजान्ना मिगी अट्ठ किलोमीटर दा पैंड़ा पैदल तैह् करना पौदां हा। स्कूल घरै थमां भामें खासे छिड़े पर हा, पर स्कूल जाना मिगी बड़ा मता पसंद हा की जे हर हफ्ते च इक बारी साढ़ै स्कूला च प्रसिध्द कवि दुर्गा फेरा पांदे हे। चिट्टी धोती आह्ले इस सादगी-पसंद

डुग्गर दे ज नकवि कोला उंदे लिखे दे गीत ते कवितां सुनने दी निहाल्प साढ़ै स्कूलै सारें विद्यार्थियें गी रींह्दीं ही। अपनी मातरी भाषा डोगरी बाध्दे-बकास गित्तै कवि दुर्गा दास हुंदे जतनें कोला बी मिगी मती परेरना मिली ही। इस्सै परेरना करी में चांहदा हा जे जीवन च मिगी बी केश चेचा करना ऐ।

मेरे आदरजोग मामा जी श्री दरबारी लाल होर बी साहित्य कन्नै जुड़े दे हे। ओह् पंजाबी, डोगरी, हिंदुस्तानी च लिखदे हे। उ'नैं अनेकां रचनां धार्मिक ते सूफ़ीयाना गीत, भेटां, कवतां, दे कन्नै कन्नै नज़मां ते क्हानियां बी लिखियां। उ'नें श्री गरदारी लाल-बिशन दास एण्ड पार्टी नाऽ दी मंडली बनाई दी ही, जेह्दे तैह्त ओह् जगराते करदे हे ते माता दिंयां भेंटां ते सूफ़ी रचनां गांदें ते लोक उ'दी गायकी बड़ा मता पसंद करदे हे ते कदे कतालें मिगी बी गांनें दा मौका थ्होई जंदा हा। इस चाल्लीं मेरा साहित्क ते संगीत दा सफ़र अगड़ा बधदा गेया हा।

ब'रा 1980 च मेरी नौकरी घड़ीयां बनाने आह्ले कारखाने (एच एम टी) श्रीनगर (कश्मीर) च लगी ही। ते कश्मीर च नौकरी करने दे बावजूद बी, मेरा इरख मोह् डोगरी कन्नै गुढ़ा रेआ। उत्थे कुल्ल1700 मलाज़म कम्म करदे हे, जि'दे च 150 डोगरे हे। इस चाल्लीं केई ब'रे कश्मीर रौंह्दे होई बी अपनी मातरी भाषा डोगरी कन्नै कन्नै नेड़मां सरबंध बनेआ रेहा हा। उं'यां,उत्थे में कश्मीरी भाषा बी सैह्ज गै सिक्खी लेई ही, ते अज्ज बी कश्मीरी भाषा समझी ते बोल्ली बी लैंना। इक कोला बद्ध भाषा सिक्खने दा मता लाह् हुंदा ऐ कि जे लोक धर्म जाति गी छोडिये भाषा गी तरजीह् दिदे न।

ब'रा 1990 च कश्मीर दे हालात मते गै खराब होई जाने करी मते हारे मलाज़में दे कन्नै-कन्नै मेरा बी तबादला बंगलोर होई गेआ हा' तां उत्थें बी मे रे लेई किश कंनड़ भाषा सिक्ख ने दा संजोग बनेआ हा।

गीत पटारु

बंगलौर थमां मेरी तैनाती नैनीताल च होई ही, ऐ बड़ा गै सन्हाकड़ा पहाड़ी थाह् ऐ, जित्थें रौंहदे होई मेरे अंदरै दा कवि होर बी उच्ड़ियां डोआरियां भरन लग्गे दा हा। उस दुरान में अनेकां डोगरी गीत, गज़लां ते कवितां रचियां हियां, जेह्ड़ियां "शीराजा" (डोगरी) च छपियां बी। आखने दा मतलब एह् ऐ जे नैनीताल प्रवास दुरान भामें में उत्थूं दी मिट्ठी बोल्ली कुमाउंनी सिक्खी, उत्थूं दे लोकल ड्रामें बी हिस्सा लैता, पर अपनी भाषा डोगरी च किश नां किश लिखना ज़रूर जारी रक्खेया हा। मेरा तज़रबा एह् गलांदा ऐ जे जिन्नियां मतियें भाषाएं दे अस जानकार होंदे जन्नें आं, उन्नां गै मता असेंगी अपनी मातरी भाषा कन्नें होर मता हिरख होन लगदा ऐ।

फ्ही ब'रा 2000 च मेरा तबादला जम्मु च ओआ हा, उ'नें दिनें गै में जम्मू दूरदर्शन परा अपनी लिखी दी पैह्ली डोगरी कवता पढ़ी ही। अदूं उत्थे बतौर परोगराम-परोड्ूसर श्री सतीश धर होर कम्म करदे हे। मेरी ओह् पैह्ली कवता करसानें दे जीवन कन्नै सरबंधत ही। जम्मू दूरदर्शन दे "साढी धरती साढे लोक" नांऽ दे परोगराम च मते बारी हिस्सा लैता ते अनेकां बारी एंकरिंग बी कीती। अपने लिखे दे केई गीत ते कवतां रेडियो दे परोगरामें च पढ़ने-गाने दे बी मौके थ्होए। शैद एह् मेरा डोगरी भाषा दे प्रति सच्चा हिरख गै हा जे दूरदर्शन ते रेडियो कन्नै मेरा इन्ना नेड़मा सरबंध बनी सकेआ।

गीत पटारु

2013 च मीं VRS लेई लैती ते समाज़ सेवा गी अपना शौक अग्गे बदाया। ब'रा 2013 च नौकरी थमां वी.आर. लैने परैंत लेखन दे कन्नै-कन्नै समाज -सेवा च रूज्झी घेरा हा। एन.जी.ओज़ गित्ते में डोगरी च 120 नुक्कड़-नाटक लिखे ते उ'नेगी बक्ख बक्ख थाहें पर खेढ़ेआ बी। समाजी-कुरीतियें गी दूर करने ते डोगरी भाषा दे प्रचार गित्तै एह् नुक्कड़-नाटक बड़े कारगर सिद्ध होते हे ।

एह्दे अलावा पत्रकारिता च मेरी दिलचस्पी बी बधै करदी ही। मीडिया कन्नै जुड़ियै बी कम्म करने दे मौके लगातार थ्होन लगी पेदे हे। कलचर अकैडमी च जाना रंभ कीता तां अनेक कवियें गायकें,लखारियें, रंगकर्मियें ते संगीतकारें कन्नै नेड़मी जान-पंछान होंदी गेई। केई संस्थाऐं च बी औन-जान रंभ ओई गेआ। ख़ास करियै नमीं डोगरी संस्था, अदबी-कुंज, भारतीय कला संगम, चंद्रभागा ते मनोरंजन-कला बगैरा जनेही संस्थाएं थमां बेसंभ हिरख थ्होआ तां मेरे अंदरै दे लखारी ते कलाकार गीत लगातार उस्सरने दा मौका लग्गा। मेरीऐं रचनां गी थार दित्ता। मेरीयां रचनां सीराजा(डोगरी) ते जम्मू परभातच छपदियां रौंह्दियां हियां।

ब'रा 2017 च में रेडियो कश्मीर जम्मू जेड़ा (आकाशवाणी, जम्मू थमां डोगरी भाषा गित्ते लोक गायकीदा टेस्ट पास कीता, ते इस चाल्ली अप्रूव्ड-कलाकार बनी गेआ हा। अपनी मातरी भाषा दी सेवा करियै मिगी दिली खुशी ते तसल्ली होंदी ऐ।

नेहरु युवा केंद्र ,भारत स्कॉट्स एण्ड गाईड्स ते स्कूलें च बी सांस्कृतिक परोगरामें राहें बी अपनी मां-बोल्ली दी सेवा करदा रौंना। डोगरी दे बाध्दे-बकास गित्तै में मीडिया दा बी पूरा-पूरा लाह् लैने दा

गीत पटारु

जतन करदा रौंह्ना। बक्ख बक्ख मंचें परा अपनीयां रचनां गांदा ते सुनांदा रौंह्ना। पिछले दिनें मेरा लिखे दा डोगरी गीत "हिरखै दा गीत" सिरलेख तैह्त विडियो बड़ा गै मशहूर ते मकबूल होता ऐ। इस गीतै गी मेरे अलावा जम्मू कश्मीर यूटी दी मन्त्री-परमन्त्री दी गायिका डा. दीपाली वातल नें सुर दित्ते दे न। इस विडियो गीत बड़ा मता पसंद कीता गेया ऐ।

मेरी लिखी दी एह् पैह्ली डोगरी पोथी इसलै थुआड़े हत्थें च ऐ, जेह्दे करी मिगी अनसंभ खुशी होआ करदी ऐ। पोथी च छपी दियां रचनां तुसेंगी कनेहियां लग्गियां न, इस बारे अपनी राय देने दी किरपा करगे, में थुआढा़ मता-मता धन्नवादी रौंह्ग।

–रामपाल डोगरा (पाली)

गीत

गीत पटारू

मेरे दिलै इच्च तूं भली बस्सी
गल्ल में निं कुसै गी दस्सी
ते रातीं नेईं औन नींदरां..आं
ठेह निग्गर कलेजैड़े ही बज्जी
ते रातीं नेईं औन निंदरां...आं
जदूं दी प्रीत असें तेरे कनैं लाई ....
तेरे कनैं लाई ....
लगदी निं मिगी बिंदभर बी टकाई
बिंदभर बी टकाई ....
रोन अक्खियां, रोन अक्खियां
रोन अक्खियां ते बेईं जंदी घग्गी
ते रातीं नेईं औन निंदरां,,,,
ठेह निग्गर कलेजेड़े बज्जी
ते रातीं नेईं औन निंदरां.....
हिरख परितै दियां सदरां जगाईयां
सदरां जगाईयां ....
दिलै इच्च साढ़े कदरां बनाईयां
कदरां बनाईयां
रूट्टी खानीं में
रूटी खानीं में

गीत पटारू

रूटी खानीं में बजोगै च छड्डी

ते रातीं नेईं औन नींदरां

सट्ट निग्गर कलेजड़े बज्जी

ते रातीं नेईं औन नींदरां

दिक्खनीं आं पलै पलै राह् तेरा हानियां

राह् तेरा हानियां ....

मिलीजा आनियै ओ दिलजानियां

तूं दिल जानिआं..

तेरी डीकै रात

,तेरी डीकै रात

तेरी डीकै रात जागदे में कड्डी

ते रातीं नेईं औन निंदरां

ठेह् निगर कलेजड़े बज्जी

ते रातीं नेईं औण निंदरां

बड्डिये शकीनें इन्नें नखरे निं कर तूं

नखरे निं कर तूं

चुप कर थोढ़ा जेआ रब शा डर तूं

रब शा डर तूं

तेरी धरती नेईं लगदी हड्डी

ते रातीं नेईं औन निंदरां

सट्ट निग्गर कलेजड़े बज्जी

ते रातीं नेईं औन निंदरां

जुदर बी दिक्खां तूं लब्बी जन्नीं हसदी

लब्बी जाएं हसदी

कोल मीं बलां तूं कैली परैं परैं नस्दी

परैं परैं नस्दी....

मेरे वास्ते

मेरे वास्ते,

मेरे वास्ते

मीं दिख किन्नी सज्जी

ते रातीं नेईं औन निंदरां

सट्ट निग्गर कलेजड़े बज्जी

ते रातीं नेईं औण निंदरां

डाडी ऐ प्रीत साहूं सौंन निं दिंदीं

सौंन नेईं दिंदीं

बौंन खलोन ते मठोन नेईं दिंदीं

मठोन नेईं दिंदीं ......

"पाली" के जानें

पाली के जानें

पाली केहृ जानें

दिल दी लग्गी

ते रातीं नेईं औन निंदरां

सट्ट निग्गर कलेजड़े बज्जी

ते रातीं नेईं औन निंदरां

****

गीत

लाई ऐ ते तोड़ बी चढायां कुंजुआ
चैंचलो प कैह्ह निं कमायां कुंजुंआ
आश्कें दे मिलने दे ढंग बख्खरे
गुज्जे गुज्जे इरखै दे संग बक्खरे
इक बारी मुढी़ फेरा पायां कुंजुंआ
चैंचलो प कैह्ह निं कमायां कुंजुंआ
चन्न ते चकोर दी जोड़ी साढी़ ऐ
चढनीं ऐ असें हिरखै दी पौढ़ी ऐ
अत्थरूं निं करेंयां तूं जांयां कुंजुंआ
चैंचलो प कैह्ह निं कमाया कुंजुंआ
मुरली दी तान तूं बजा सोह्हेयां
लाईऐ तां तोड़ बी चढा सोह्हेआं
रब नैं रुंऐं गी मलाया कुंजुंआ
चैंचलो प कैह्ह निं कमायां कुंजुंआ
हिरखै च ईयां निं सतायां कुंजुंआ
चैंचलो प कैह्ह निं कमायां कुंजुंआ ।।

******

गीत पटारु

गीत

मिगी लगदा मराजु बड़ा चंगा

ओ निम्मा निम्मा हसदा रवै

दूर तुरी जा तां लगदा मंदा

ओ निम्मा निम्मा हसदा रवै....

न्हाई-धोईयै लिश्कनां सूट जदुं लांदा ओ 2

सच्चो-सच दस्सां मेरा मन भरमांदा ओ 2

खीसै पाई रक्खदा ओ कंघा

ओ निम्मा निम्मा हसदा रवै

दूर तुरी जा तां लगदा मंदा....

मेरे लेई आया ओ सुन्ने दिआं बालीयां

सास ते ननानूं मिगी कड़ियां हां गालियां

मिगी कदे निं गला ओहू मंदा

ओ निम्मा निम्मा हसदा रवै

दूर तुरी जा तां लगदा मंदा...

मठ्ठी मठ्ठी तुरदा कबुतरै दी चाल ओ

गलै विच बन्नीं लैंदा रेशमी रमाल ओ

कढे दुधै दी मलाई ओ खंदा

ओ निम्मा निम्मा हसदा रवै

दूर तुरी जा तां लगदा मंदा.....

सिगट शराबैं गी हत्थ बीं निं लांदा ओ

 ताईयैं पूरी दुनियाँ च सिफ्त करांदा ओ

ओ कदे ओपरी शै नेईं खंदा

ओ निम्मा निम्मा हसदा रवै

दूर तुरी जा तां लगदा मंदा....

मिमि ते मराजु नैं करनिआं प्यार ओ

जिंद वारनें गी रौंनीं सदा गै त्यार ओ

साढ़ा रब नैंहृ मलाया शैल पंजा

ओ निम्मा निम्मा हसदा रवै

दूर तुरी जा तां लगदा मंदा

इकमिक होईऐ असें ईरख नबाणां ओ

दिल बट्टे दिल देईऐ जश्न मनाना ओ

"पाली" सोची सोची होई ऐया मंदा

ओ निम्मा........

******

गीत

मेरी तेरे' अल रौंदी ऐ अख्ख सजनां

सानूं हिरखै दी ऩजरें नैं तक्क सजनां

जदुंऐं दा दिल असें तेरे कबैं लाया ऐ

मिगी तूं अत्थरुंऐं मता गै रुआया ऐ

कैली करनां ऐं मेरे पर शक सजनां

मिगी हिरखै दी ऩजरें नैं तक्क सजनां

मनैं दियां गल्लां सच्चियां सनानीं आं

बनेरे पर बैठै दे कांह् में डुआनीं आं

पाई दिलै दे पटारु इच रक्ख सज्जनां

मिगी हिरखै दी ऩजरें नैं तक्क सजनां

तेरे तायें रख्खेया मीं जीवन संभालिए

तूं कैह्‌ खट्टेया इनैं अख्खींयां गी जालिए

मिगी तेरे बाज लगदा ऐ जग सखनां

मिगी इरखै दी ऩजरें नैं तक्क सजनां

****

गीत

मंदरें दा शैहू मिगी किन्ना चंगा लगदा
हिरख समोद आ'ला दीया इत्थै जगदा
तक्की तक्की इसी मेरा मन नेईं रजदा
मंदरें इच भगतें दी चैहूपैहू रौंहदी ऐ
सच्चे दिलै मंगो तां मन्नत मनोंदी ऐह
भगतें दा दिक्खो मेला कियां लगदा
इरख समोद आला दीया इत्थै जगदा
कटड़े दी फ़्हाड़ियैं मां वेष्णों बस्सदी
शेर दी सुआरी किन्नीं सोह्नीं लगदी
आरती नैं नित एह् दरबार गजदा
हिरख समोद आला दीया इत्थै जगदा
बस्नीक डोगरे एह् बोली मिट्ठी बोलदे
मनैं दे बूआल डूंगे सजनें नैं खोलदे
दिक्खी दिक्खी शैहू मेरा दिल निं रजदा
हिरख समोद आला दीया इत्थै जगदा
तवी दे रुआर पार डोगरे सब गै बसदे
गल्ल शेर बकरी दी गाई गाई दसदे

राजा जम्बु लोचन इंदे हिरदें च बसदा
हिरख समोद आला दीया इत्थै जगदा
ईद देआली किठ्ठे बसाखी मनानें आं
गीत जसु मसीहृ दे केक कट्टी गानें आं
दरेया चनां कियां ठाठां मारी बगदा
हिरख समोद आला दीया इत्थै जगदा

*****

गीत

तेरे कन्नें जदुं प्रीत में लाई –2

असें तेरे पिच्छें दुनियां भुलाई

भुलाई......

हिरखै च नेड़े होर आई जंदे अस

जिंदड़ी दे औखे पैंडे घटाई लैंदें अस

घटाई लैंदे अस

रूत पतझड़,

ओ पतझड़,

रूत पतझड़ कुदरै दा आई

असें तेरे पिच्छे दुनियां भुलाई

भुलाई....

किश निं रेआ पल्ले कक्खें साईं रूली गे

तेरे मिट्ठे हासें पर ईयां अस डुल्ली गेह्

ईयां अस डुल्ली गे

ओ रब्बा कैली पाई

ओ रब्बा कैली पाई दित्ती ऐ जुदाई

असें तेरे पिच्छे दुनियां भुलाई

भुलाई......

तेरा ऐ कसूर मिगी तूंऐं कीता दूर ऐ
 हिरखे च जिंद होई गेदी मजबूर ऐ
गेदी मज़बूर ऐ
ओ पिंड रौला पेआ,
ओ पिंड रौला पेआ
पिंड रौला पेया लग्गी गेई लड़ाई
असें तेरे पिच्छे दुनियां भुलाई
भुलाई ....
अक्खियें च बस्सें मेरी तूंऐं बस तूं ओ
फेरेआं निं जींदे जी मेरे कोला मूं ओ
मेरे कोला मूं ओ
तेरी डीके जिंद ..
ओ तेरी डीके जिंद मुक्कनें गी आई
असें तेरे पिच्छे दुनियां भुलाई
भुलाई.....
तेरे कन्नें जदुं प्रीत ही लाई

******

गीत

कियां करी आमां तेरे कोल मित्तरा...
लग्गी गेया इरखै दा रोग मितरा
चलदा निं मेरा कोई ज़ोर मित्तरा....
कियां करी आमां तेरे कोल मित्तरा
सारी सारी रात मिगी नींदरां निं औंदयां
अक्खां एह् गमैं च शम्म शम्म रोंदींयां
नेईं पैरें इच दिल साढ़ा रौल मित्तरा
कियां करी आमां तेरे कोल मित्तरा
हरबेलै चन्नां तेरी याद सतांदीं ऐ
मिलनें गी तौलें कोल बलांदी ऐ
मेरे दिला आले दुखड़े फरोल मित्तरा
कियां करी आमां तेरे कोल मित्तरा
इक्कली दा मेरा ए चित्त नेईं लगदा
मिलने गी तेरे नैं दिल मता करदा
मिगी हिरखै दा डंगी गेआ भौर मितरा
कियां करी आमां तेरे कोल मित्तरा...
करनीं गोडियां ते पठ्ठे बी बनांनियां
नेआणें गी मन लाईऐ खुद में पढानियां
तूं ते बनीं गेदा बड़ा चितचोर मित्तरा

कियां करी आमां तेरे कोल मित्तरा
चलदा निं मेरा हाय...
चलदा निं मेरा कोई ज़ोर मित्तरा....
कियां करी आमां तेरे कोल मित्तरा

*****

गीत

मेरा इक्कली दा लगदा निं चित्त हानियां
मिगी हिरखै दी नज़रें नैं दिख हाणिआं
गिट्ठ गिट्ठ च़ढियां न मुख प लालीयां
तेरे पिच्छे लग्गी असें उमरां न गालियां
मिगी तेरे अल रौंह्दियै खिच हानियां
मिगी करी लै तूं दिलै च फिट्ट हानियां
जदुं दी परीत मड़ा तेरे कन्नै लाई ऐ
इक इक घड़ी में ते गिनियै लंघाई ऐ
बनीं हिरख बजोगन दिक्ख हानियां
मिगी दिलै च करी लै तूं च फिट्ट हानियां
सांबी सांबी रखनियां हिरख नशानीयां
छुट्टी लेईयै आईजा तूं दिल देया जानिआं
मिगी हिरखै दी नज़रै नै तक्क हानियां

******

गीत

आऊं जिस कुड़ी गी चांह्दा हा

ओह् होर कुसै गी चांह्दी रेई

में ओह्दे राह्'च फुल बछांदा रेया

ओह् मिगी झूठें गै भरमांदी रेई

किन्ना क तूं होर चलना ऐं

किन्ना क तू होर छलना ऐं

तुसें अपना कित्ता पानां ऐं

असें कीता बोल नबाया ऐं

तेरी समझ निं आई तूं कैह्ली

रस्सी दे सप्प बनादीं रेई

आऊं जिस कुड़ी गी चांह्दा हा

ओ ते होर कुसैगी चांह्दी रेई

*****

कवता

जेहृ डोगरा ऐंह तां डोगरी'र मा'न कर
डोगरी बोल डोगरी दियां कताबां पढ़
तुगी चेत्ते करघन औने आली पीढ़ियां
लिखीजा तूं गल्लां दिलै दियां गूढियां
पढ़दा रौह लग्गा रोहृ नेईं तूं रमान कर
मां डोगरी दा मान होर उच्चा बद्धा तूं
सब धरमें दा इक्को इरखी हार बना तूं
चलदे चल अगें बद इन्ना निं ईयां डर
जेड़े माहूं मां बोली गी चेते न रखदे
मान डोगरें दा तां उऐ न उच्ची रखदे
जे किश करना चांह्हा डोगरी तांयें कर
अंग्रेजी बोली बोली केई डोगरी पुल्लै दे
उदें फ्ही केढ़े घरें च झंडे न झुल्लै दे
"पाली" आखै मतीआं दलीलां निं कर ।।

*****

गीत

मेरा इक्कली दा लगदा निं चित्त हानियां

असेंईं दिलै च करी लै तूं फिट हानियां

गिट्ट गिट्ट चढियां न चेहै पर लालीयां

तेरे पिच्छे असें लग्गी उमरां न गालियां

मिगी तेरे अल रौंदी ऐ खिच हानियां

मिगी करिलै तू दिलै च फिट्ट हानियां

जदुं दी परीत मड़ा तेरे कन्नै लाई ऐ

इक इक घड़ी बड़ी औखी लंघाई ऐ

कियां बनींदी बजोगन दिख हानियां

मिगी करिलै तू दिलै च फिट्ट हानियां

सांबी सांबी रखां तेरी हिरख नशानीयां

छुट्टी लेई घर आयां दिलै दे जानियां

मिगी हिरखै दी नज़रै नैं दिक्ख हानियां

मिगी करिलै तू दिलै च फिट्ट हानियां

मेरा इक्कली दा लगदा निं चित्त हानियां

साह्लू दिलै च करी लै तूं फिट हानियां

****

गीत

तेरे मिट्ठड़े लगदे न बोल

तूं आ बेईं'जा मेरे कोल

एहृ मस्त जुआनी अनपोल

तूं आ बेईं'जा मेरे कोल

जदुं हस्दी दंद मोतीजन लगदे

मुल्ल हासें दे केईं देनें गी फिरदे

साढ़े हिकड़ू ऐ पौदें न हील

तू आ बेईं'जा मेरे कोल

लक्कै दे लुआरे सोहृे सोहृे लगदे

अक्खियें च हिरखै दे लोरेजन बलदे

तूं भेत मनें दे कोल

तूं आ बेईं'जा मेरे खोल

चौंनैं पासें छाई गेदा ए नेरमनेरा

तत्ते तत्ते साएं कन्नें नां लैंनी तेरा

साहूं नैंनें दी पलड़े च तोल

तूं आ बेईं'जा मेरे कोल

****

गीत

तुंदे कन्नें जदुं प्रीत मीं लाई

असें तेरे पिच्छें दुनियां भुलाई

तुंदे कन्नें असें प्रीत जदुं पाई

चंगा उदां झगड़े म्काई लैंदे अस

जिंदड़ी दे दुखड़े घटाई लैंदें अस

घटाई लैंदे अस.......

ओहृ रुत पतझड़

ओ रुत पतझड़ दस्सो कुदरै दा आई

असें तेरे पिच्छें दुनियां भुलाई

किश निं रेया पल्ले कखें साई रुली गे

तेरे मिट्ठे हासें प ऐमें अस डुल्ली गेहृ

ऐमें अस डुल्ली गे....

ओ रब्बा पाई दित्ती कैह्ली ऐ जुदाई

असें तेरे पिच्छें दुनियां भुलाई

कोदा हा कसूर दस्स कुन कीता दूर ऐ

हिरखै च जिंद होई जंदी मजबूर ऐ

होई जंदी मज़बूर ऐ ......

ओ पिंड रीला पेया लग्गी पेई लड़ाई

असें तेरे पिच्छें दुनियां भुलाई

अखिऐं च बसना ऐ तूं ऐं बस तूं ऐं

जींदें जी निं फेरेंआं मेरे शा मूं ऐं

मेरे शा मूं ऐं

ओ तेरी डीके जिंद

ओ ओ ओ....

तेरी डीके जिंद मुक्कनें गी आई

अस ओई गेदेंयां शदाई..शदाई

तेरे कन्नें जदुं परीत मीं पाई

****

गीत

कोई हिरखै दा गीत सना अ़िडये

साढ़े सुत्ते दे भाग जगा म़िडये

कोई ....

कोई इरखै दा गीत सना अड़ेया

साढे सुत्ते दे भाग जगा मढ़ेया

कोई ....

तेरे बुल्ल मिश्री दियां दलियां न

आ...आ...आ..आ

तेरे बुल मिश्री दियां दलियां न

जिजां सुए गलाबें दियां कलियाँ न

दे जिदुं मेरी गी साहृ म़िडये

कोई ....

तेरे बोल ए मिट्ठड़े लगदे न

.आ..आ...आ

तेरे बोल एहृ मिट्ठड़े लगदे न

मिगी परीतै दा रस्ता दसदे न

तू ईयां निं आसा पा मड़ेया

कोई ....

तेरी याद बड़ी तड़फांदी ऐ

नांगै अखीएं च नींदर आंदी ऐ

नां'गै अखियें च नींदर आंदी ऐ

किश तरस मेरे प खा म़डिये

कोई इरखै दा गीत सना अ़डिये

तूं सुखणें च रोज लब्बनां ऐं

मिगी शारें नैं कोल सहनां ऐं

नेईं दूर मेरे शा जा आड़ेया

कोई हिरखै दा गीत सना आढ़ेआ

तूं बड़ी शैल शबीली नार कुड़े

तूं साढ़े नैं करिलै प्यार कुड़े

पूरे कर तूं मनैं दे चाह् मडिये

कोई इरखै दा गीत सना अ़डिये

तेरी ढो़र बड़ी मस्तानी ऐ

तूं ते मेरे दिलै दा जानी ऐ

तूं नज़र नैं नज़र मला अड़ेया

कोई इरखै दा गीत सना अड़ेया

तेरे नैन नशीले जेह् लगदे न

एह् तां अपनें रंगें च रंगदे न

नेईं गैरें दा खांयां बसा अडिये

कोई इरखै दा गीत सना मडिये

तेरे नैन नशीले जेह लगदे न

एह् तां अपनें रंगे च रंगदे न

इक बारी अपणां बना अड़िये

कोई इरखै दा गीत सना अड़िये

चित्त तेरे बाजा लगदा नेईं

तुगी तक्कीऐ बी ऐ रजदा नेईं

प्यार कीता ते इसगी नभा अड़िये

चित्त तेरे बाज्जा लगदा नेईं

तुगी तक्कीऐ बी ऐ रजदा नेईं

प्यार कीता ते इसगी नभा अड़ेया

कोई हिरखै दा गीत सना अड़ेया

कोई हिरखै दा गीत सना अड़िये

****

गीत पटारू

गीत

कोई हिरखै दी गल्ल तूं सना हानियां
मिगी तौलें तौले अपना बना हानियां
दूर दूर साढ़े कशा कैली तुस रौंदे ओ
थक्के हुट्टे लगदे कि दूर दूर बौंदे ओ
दना देई ओड़ दिलै च पनाह हानियां
मिगी तौलें तौलें अपणां बना हानियां
तेरे बाजा औखा ऐ दिन रात कट्टनां
दिल देई'ऐ असें पिच्छे नेईयों हट्टनां
अक्क मारां तक्की तक्की रा हानियां
मिगी तौलें तौलें अपणां बना हानियां
साँबी सांबी रखां तेरी हिरख निशानियां
तौलें तौलें मिली जा बड़ी मेरबानिआं
इनें अक्खियें गी नेईं तरसा हानियां
मिगी तौलें तौलें अपना बना हानियां
आश्कें दा रौंह्दा महेशां बैरी जग सारा ऐ
मिलनें दा दिंदां रवै "पाली "झूठा लारा ऐ
मिगी मिट्ठी मिट्ठी मुरली सना हानियां
मिगी तौलें तौलें अपणां बना हानियां

******

गीत

तेरे हिरखै च होई आं शदैन

मेरे रोंदे नैं शम्म शम्म नैंन

ओ रब्बा मीं केह् कराँ ..

हरबेले रौनीं मडा़ राह् तेरा तकदी

तेरे बाज मेरी ए दुनियां निं सजदी

कुतै औंदा निं बेंदभर चैन

ओ रब्बा मीं केह् कराँ ..

छाई दियां मुखड़े प गिठ गिठ लालीयां

मेरे कोला नेई ए जंदीयां सम्हालियां 2

मिगी आखदे न सोह्ली दी भैन

ओ रब्बा मीं केह् कराँ ..

सांबी सांबी रख्खां तेरी इरख निशानियां

तौलें तौलें मिलीजा दिलै देआ जानियां

मेरे दिलै दा टुरी गेआ चैन

ओ रब्बा मीं केह् कराँ ..

हर बेले तुस मेरी अक्खियें च बसदे

अक्खियें च बसदे ते जोरे जोरे हसदे–

मेरे छप्पी जंदे नैन-परान

ओ रब्बा मीं केहृ कराँ ..

हल्ले कोई कक्ख तूं आयां मिं बझोना ऐं ...

दिलै ईच सदरें दा रुघ जान भरोदां ऐ ..

भैढे लगदे सत्तरफैन

ओ रब्बा ......

******

क्मीच

दिनों-दिन क्मीच लम्मीं शुट्टी होआ दी।
बंदा सुक्कीयै तीला लाड़ी मुट्टी होआ दी।।
न्याणें गी मां पयो हून मोबैलैं प पढ़ा दे।
पच्चा देईऐ ओबी शडा़ बुद्धजान बना दे।।
खरदूल पानें तायें खुल्ली छुट्टी थोआ दी
बंदा सुक्कियै तीला लाड़ी मुट्टी होआ दी।।
करोने नैं लाई ओडियां नमीं नमीयां बमारियां
इन्न सुनाई अपनी उन्न सुनियां निं साड़ियां
रोज़ जफ्फी हुंदी नुक्को- नुक्क ओआ दी
बंदा सुक्कियै तीला ते लाड़ी मुट्टी होआ दी।।
चत्तोपैर साहूं मडो़ इक्को सैंसा लग्गी दी
कोई कड्डो हां सूह् एह् बमारी कुन सद्दी ही
बलैं बलैं यरो सारी हट्टी खाली ओआ दी
बंदा सुक्कियै तीला लाड़ी मुट्टी होआ दी।।
बेह्ले रेही रेहीये रंग बसार जान होईये
लत्तां बनींआं सीलीढीयां कर-पैर सेई एह्
इरख समोद दी खट्ट कियां पुट्ठी ओआ दी
बंदा सुक्किऐ तीला ते लाड़ी मुट्टी होआ दी।।
"पाली" बौ चुप्प करीए इ'यां फढफैलां निं मार

मिस्सी लूनीं खाईयै तूं बौहृ मल्ला घर
मूं दिक्ख शीशे च जियां गुली चुपियै सुट्टी दी ।

******

नशा

मां पियो गी नेयाणें दा फिकर गै रौंह्दा।
नशेंढीयें दा थांएं थांए जिकर गै रौंह्दा।।
नशे दी बंमारी अंदरा माहूं ई खा दी।
निक्के नेह् गिल्लुऐं दे आनें पर्त ला दी।
बुझी जंदी बत्ती जिस दिये तेल निं रौंदा
नशेंडियें दा थांएं थांए जिकर गै रौंह्दा ।।
थांएं थांएं हट्टियें प चिट्टा फडो़ऐ दा।
पैहें दे लालचै च बंदा अंदर होआ दा।।
पलीस दे शापें रोज़ रोज़ डर गै रौंह्दा।
नशेडियें दा थांएं थांए जिकर गै रौंह्दा
बड़ा औखा होंदा ऐ नेयाणें पालना
पाली पोसीऐ सिदधे रस्ते'र ढालना।।
पुट्ठी खो गिज्झन दुख मता ओंदा।
नशेडियें दा थांएं थांए जिकर गै रौंह्दा।।
नशें दी खोह् च मुक्की जाण पीढीयां।
लड़दियां न जिंदुं गी बनिंयै कीड़ियां
"पाली"नशेड़ी कियां डिग्गी डिग्गी पौंदा
नशेंढीएं दा थांएं थांए जिकर गै रौंह्दा

*****

गीत पटारु

नौकरी

थोंदी ऐ अजकल औखें भेई नौकरी
नमानीं बी मती भारी बनी गेदी औतरी
दूर दराजैं डयूटी करन साहूं जानें पौंदा
माड़ा चंगा फुल्का फ्हि आपूं गै पकानें पौंदा
लग्गी गै रौंदी चिंता नियानें दी पछोकड़ी
दफ्तरें च बनीं जंदे ईयां केई बैरी न
टिकन निं दिंदे ए बड़े मुंआं दे ज़ैरी न
नाऐहल अफ्सरें अग्गें करदे जोकरी
नवानीं बी मती भारी बनीं एदी औतरी
सारी उमर नौकर रौंह्दा घरै तायें दौड़दा
मंगी मंगी पैसे टब्बर खैढ़ा निं छोढ़दा
चुक्की रखै सिरै प जिमेबारी दी टोकरी
नवानीं बी मतीभारी बनीं एदी औतरी
अपनीं कमाई दा निं टल्ला शैल लाया
साद मसादे रेह्‌ मता फैशन निं बनाया
नहो सौखी जिन्ह्री लबदी एह्‌ सौखढी
नवानीं बी मती भारी बनीं एदी ऐ औतरी
मिलदी ऐ अजकल बड़ी मुश्किलें नौकरी।
बनीं एदी मती भारी नवानी एह्‌ औतरी

******

मुड़े दा ब्याह्

जुल्ले कीता हा मुड़े दा ब्याह्

तां घरै च लड़ाई पेई गेई

दिल सड़ियै ओआ हा सुआ

ते घरै च लड़ाई पेई गेई

चाएं चाएं ब्याह् दे काट असें बंडे हे

भैनें भराएं दे बी कीते असें शंदे हे

सहानूं दौड़ी–दौड़ी ओईआ शदा

तां घरै च लड़ाई पेई गेई

जुल्ले कीता हा मुढे दा ब्याह्

लाड़ी ताएं असें सुन्ना बी बनाया हा

नच्चने लेई घरै इच डीजे नुआया हा

मुड़ा फड़ी फड़ी लाड़ी गी नचा

तां घरै च लड़ाई पेई गेई

जुल्ले कीता हा मुढे दा ब्याह्

ढीर कड़ीयै परोनें ब्याह् विच आए हे

जंदे बाखी टल्ले असें सारें ई पाए हे

परोंनें रज्जी रज्जी खादा हा कढ़ा

तां घरै च लड़ाई पेई गेई

जुल्ले कीता हा मुढे दा ब्याह्

ब्याह् मुकदे गै रंग दस्सन लेई पेई लाड़ी

गल्ल अपनी सना गल्ल सुनें निं साढ़ी

जान लग्गी गेई ए लक्का शा फाह्

तां करै च लड़ाई पेई एई

जुल्ले कीता हा मुड़े दा ब्याह्

पीजे नूंआ लाड़ी घर रुट्टी निं बनादीं

अंदर पसारी दै कदे पैर निं टकांदी

साहूं गल्लें –गल्लें दिंदी जरका

तां घरै च लड़ाई पेई गेई

जुल्ले कीता हा मुड़े दा ब्याह्

हर गल्ला लाड़ी पाई रक्खै खलार जी

मुड़ा बी कमरे शा निकलै निं बा'र जी

लाड़ी मुड़े गी चाढींदी ऐह् बका'ह्

तां घरै च लड़ाई पेई गेई

जुल्ले मुड़े दा कीता हा ब्याह्

बेया दा लोको मता करेयो निं चा

औखे हुदें लैनें सीखे फिह् साह्

"पाली" दिल स़डिये ओईया सुह्

तां घरै च लड़ाई पेई गेई

जुल्ले कीता हा मुड़े दा ब्याह्

******

गीत पटारु

कुड़ियां

अपनें हुनर सखा दियां कुड़ियां
नमें रकार्ड बना दियां कुड़ियां।।
हर खेतर च एह् बदै दियां अग्गें
मुढ़ें'ई पुंआंटली करा दियां कुड़ियां।।
हाकी टैनिस फुटबाल एह् खेडन
किर्किट च छक्के ला दियां कुड़ियां।।
पढ़ाई च अब्बल रौंदींयां अजकल
धूढ़ केईयें ई चटा दियां कुड़ियां।।
शैल जचदी ऐ इनैंगी सरकारी बर्दी
डटियै फ़र्ज़ नमां दियां कुड़ियां।।
करी निं सकदा कोई ईंदां मकाबला
हून अग्गे गैं गैं बढ़ा दियां कुड़ियां।।
माऊं बबै दियां ए लाडलींयां धींयां
इंदा हिरखै बेह्ड़ा सजा दियां कुड़ियां।।
"पाली" ईंदीं कदे बी सगंद निं खंदा
ए जंगीं ज्हाज डुआ दियां कुड़ियां।।

****

गीत पटारु

शैल निं

जग ईंच होर कोई तेरे नेहा शैल नीं
दिलै च रक्खी दी तूं बिंद बी मैल नीं
इन्ना क खेयाल साढ़ा तू बस करेंयां
इस घरै दे थह्डे गी जरुर तू चड़ेयां
औखी बड़ी हुंदी ए हिरखै दी गैल्ल नीं
तेरे नेहा दुनिया च होर कोई शैल नीं
शोड़ना ऐं भायें तां बेशक शोडी़ देयां
हिरख नशानीआं मेरीयां तूं मोड़ी देयां
मेरे पासेआ होग कदें बी हून पैह्ल नीं
तेरे जेआ दुनिया च कोई शैल नीं
इयां गे करदे लोक थांए २ भंडी़यां
मीं ते चन्ना तेरे हिरखै ईंच रंगी आं
रोनी निं हूण चन्ना बिंद बी स्पैल नीं
तेरे जेआ दुनियां च होर कोई शैल नीं

******

दुद्ध

किते दा पाप कदे माफ़ नेई होंदा
दुद्ध जुत्थुं मर्ज़ीं लैओ साफ़ निं होंदा
गली गली दुद्ध इत्थे पानीं पाई बेचैंदे।
पोडर रलाईऐ ते बधाई बधाई बेचैंदे ।।
औंदी ऐ शुहान जे परसा विच चौंदा ।
दुद्ध जुत्थुं मर्ज़ीं लैओ साफ़ निं होंदा ।।
तुप्पेया मीं हर'थां दुद्ध शैल निं लब्बा।
कुधरै गी नस्सां राह् दस्स मेरे रब्बा।।
दुध्द बाजा यरो नहो बचा घर औंदा।
दुद जुत्थुं मर्ज़ीं लैओ साफ़ निं होंदा।।
समझ निं आवै दोदी दुध्द कुत्थूं लेआंदे
दोऊं दोऊं डंगरें प धंधा कियां चलांदे।।
राम!राम!साढ़े हत्थें नेया पाप निं औंदा
दुध्द जुत्थुं मर्ज़ीं लैओ साफ़ निं हुंदा।।
सुणेंयां ऐ केई दोदी गंदा पाणीं पादें न
टीकें दे जोरें डंगरें थल्लुं दुद्ध लुहा्दे न
बील रौंदी बझी दी कैण साफ़ निं हुंदा
मेह्लू गोका दुध्द मढा साफ़ निं थोंदा ।।।
दुद्ध जुत्थुं मर्ज़ीं लैओ साफ़ निं होंदा

मैला दुद्ध पीये दिखो टब्बर बमार ऐ।
भैड़ी हालत बंदे दी मरणें गी तैयार ऐ।।
मैह्कमें दा डर बी कोई खास निं हुंदा।
दुद्ध जुत्थुं मर्जी़ लैओ साफ़ निं हुंदा।।
मलावट ते नमीं नेईं पराणीं बमारी ऐ।
इये लै बंदें दी हुंदी थांएं थांएं जारी ऐ।।
ऐबी साहूं लग्गे दा बेयाप गैह् होंदा ।
दुद जुत्थुं मर्जी़ लैओ साफ़ निं होंदा ।।
कन्न लाई गल्ल सुनों "पाली" दी प्यारे।
गां मेरु पालो साफ़ दुध्ध चुंघो सारे।।
डंगरैं गी पालना कोई पाप नैईं होंदा ।
दुद्ध जुत्थुं मर्जी़ लैओ साफ़ निं होंदा

******

बत्ती

कदें कदें गै साढ़ै बत्ती औंदी ऐ
परसे कन्नैं जिंद भरावा नौंह्दी ऐ

जुल्लै झुलै बाह् दिल एह् डरदा ऐ
बत्ती होऐ गुल तां गुस्सा चढ़दा ऐ
असें लोकें दी फरेयाद घट्ट सनौंदी ऐ
परसे कन्नैं जिंद भरावा नौंह्दी ऐ

हफ्ते दी दो दिन गै बत्ती छड़दे न
लोक ताईयें गालां इनेंगी कड़दे न
तां फिह् जाई मिटींग खास बौंह्दी ऐ
परसे कन्नैं जिंद भरावा नौंह्दी ऐ

बिज़न बत्ती नस्कान मता होंदा ऐ
माहूं डरोंना पागल बनेया रौंह्दा ऐ
गरमी कन्नैं पित्त तिढ़कदी रौंह्दी ऐ
परसें कन्नैं जिंद भरावा नौंह्दी ऐ

लक्खें जारें दे फर्जी बिल बनांदे न
माढ़े गरीबें गी दफ्तरें च कम्कांदे न
बिल साब च फरकोफरकी ओंदी ऐ
परसे कन्नैं जिंद भरावा नौंह्दी ऐ

"पाली" अर्ज़ करदा कूंडियां लायेओ नीं
जेहृ मीटर ऐ ख़राब चैक करायेओ जी
न्हेरे कारन फिहृ बड्डी चोरी होंदी ऐ
परसे कन्नैं जिंद भरावा नौंह्दी ऐ

******

लाकडाउन

खुल्लेया लाकडाउन खुल्ली गेईयां हट्टीयां
डुआर बनीं फिरै दे तूआरी लोक पट्टियां
बड़ा गै दुक्ख दित्ता ऐ इस करोने दी ब्मारी नैं
लक्खां इन्नै मारे लक्खां जुगाड़े इस शकारी नैं
इदे गै कैह्ड साईं गरीब रोज़ भरै'दा ऐ चट्टीयां
डुआर बनीं फिरै दे तूआरियै लोक पट्टियां
सुनेयां ऐ ख़बरें च लैहर त्री बड़ी भारी ऐह्
रब्बा वक्त दे मारेंगी कैह्ली सट्ट होर मारी ऐ
तेरे नजामैं च ते निरियां म्सीबतां गै तक्कियां
डुआर बनीं फिरै दे तूआरिऐ लोक पट्टीयां
किश ते रोई पे दिक्किखियै होए दे खराबे गी
ठेके नमें खुल्ली ए होर गिज्जी गे शराबें गी
तक्कन निं औंदियां सुईयां सुईयां अक्खियां
डुआर बणीं फिरै दे तूआरिऐ लोक पट्टियां
"पाली" करै अर्ज़ा असें टीके ज़ररुर लुआनें न
करोने दी ब्मारी शा माहनूं सारे गै बचाणें न
शैल करियै कसी रखो मास्कें दियां रस्सियां
डुआर बनीं फिरै दे तूआरियै लोक पट्टियां

****

गीत पटारु

गीत

अजकल म्हौल बड़ा गंदा होई गेया
मरना मरानां इक्क धंधा होई गेया
जानीं जानीं लोक इयां बैंट्सा न करदे
गल्ल सुनदे घट अगुं क्स्मुंन्न गै जढ़दे
रुट्टी कमानें दा कम्म मंदा ओई गेया
मरना मराना बी इक्क धंधा होई गेया
मानदारी घटी गेई बदी गेईआं चोरियां
औईआं गरीबें दियां उम्रां न थोह्ड्डियां
सोची सोचीऐ अज्ज बंदा बतोई गेया
मरना मराना बी इक्क धंधा होई गेया
जोरा आले बंदे दा दस्स बींआं सौ ऐ
जैदादां बनाने दा किन्ना जैदा मोह् ऐ
दिखो ए ज़माना भलेआं नंगा होई ऐया
मरना मराना बी इक्क धंधा होई गेया
शोड़ परें पाली कि पीह्लां पाई बौणां ऐं
हत्थ पैर लाह्गे ताईऐ गजा़रा होनां ऐं
बेईमान पापी इत्थै होर चंगा ओई गेया
मरना मराना बी इक्क धंधा होई गेया

*****

गीत

बेफौंदे तुस कुत्तै भाई बाह्र निं जाएओ
टब्बरै ताईं ऐमें रफ्फड़ निं बनाएओ
जेड़ा ए फरैंतू उसी करोना निं छड्डै दा
लम्में पाई पाईयै टक्कें टक्कें बड्डै दा
गफ्लतै च घरै दा दिया निं बुझाएओ
साह्ढ़े ताईं कोई रफ्फड़ निं बनाएओ
सेयानें बनीं बिंद पूजा पाठ करीलो
करमें दा साह्ब फि आपें गै करी लो
अस बड़े चंगे'आं गोगे निं सनाएओ
साह्ढ़े ताएं ऐमें रफ्फड़ निं बनाएओ
मास्कें कन्नै बंदे निरे भूतजान लग्गै दे
जिंदगी दे गेनमें साह्र औखे जेह्र कड्डुै दे
माड़े दा इक्क डंग तोस बी लंघाएओ
साह्ढ़े ताईं कोई रफ्फड़ निं बनाएओ
बीती जानीं काली रात होनीं ए सवेर
माला दे मनके रब दी रहमत दे फेर
परानें छुड टल्ले टल्ले नमें गै सेयाओ
साह्ढ़े ताईं कोई रफ्फड़ निं बनाएओ
बेमतलबा तुस भाई बाह्र निं जाएओ
टब्बरै ताईं ऐमें रफ्फड़ निं बनाएओ

*****

गीत पटारु

भैड़ी ऐ बमारी

करोने दी लोको मती भैड़ी ऐ बमारी
सुनीं सुनीं तकी तकी मत्त गेईं मारी
आनमोड़ मूंजोर जेढ़े मास्क निं लांदे
घेरियै करोना बाह्मा ओ घरै च लेयांदे
इदे कैह्मू करी बेईए रोयै दुनियां सारी
सुनीं सुनीं तकी तकी मत्त गईं मारी
सरकारै जुत्थै जुत्थै पबंदी होयै लाई दी
असें दौड़ उद्धर फि लानीं निं चाइदी
सीकी लैंदी साह्मू बड़ी डाडी ऐ ब्मारी
सुनीं सुनीं तकी तकी मत्त गईं मारी
लक्खां बद्धे माहूं करोने कनैं मरी गे
रसदे बसदे घर इस अग्गी सड़ी गे
चलदी निं पेश उन इदे अग्गे साह्ढी
सुनीं सुनीं तकी तकी मत्त गईं मारी
न्याणें दी पढ़ाई दा हीला निं छड़नां
जो किश राह्मां फि उए पौनां बढ़ुना
जेह्म ढील्ले रौगे तां फिरी जाणीं बाह्मी
सुनीं सुनीं तकी तकी मत्त गईं मारी
नासमंझ केई जेढ़े टीका नेईं लुआ'दे
खून सोची सोचीऐ ऐमें जानिंयैं सकादें

इक्क मुठ होईयै परे सुट्टनीं ब्मारी
सुनीं सुनीं तकी तकी मत्त गई मारी
सोट्गे रवो तोस जियां "पाली" ऐ रवैं'दा
मास्क बन्नी मुंआ,फी हत्थ मूं धौआ दा
माफ़ निं होनीं जे ढील्ल ओग साह्ढ़ी
सुनीं सुनीं तकी तकीऐ मत्त गई मारी

*****

गीत

मेरे कोला कि मूंहू फेरी लंग्गी गे
नैंन बिस्ले भौंर बनीं डंगी गे
रत्त भारी ऐ कैहू बी भारा ऐ
रींह्दा मिलनें दा तेरा नमां लारा ऐ
रोह् खवरै कि मेरें'र शंडी गे
नैंन बिस्ले भौंर बनीं डंगी गे
एह् तेरा निं कसूर मीं जाननां
जेह्ड़े हिरखै दे बैरी न पंन्शाननां
खीर हिरखै दी तंद आपूं गंडी गे
नैंन बिस्ले भौंर बनी डंगी गे
रत्त बदली तुमी बदल हां अड़िये
छूड़ी देहां रुस्सना हस्स हां मड़िये
ओ जंदे जंदे मेरी गली च खंघीं गे
नैंन बिस्ले भौंर बनी डंगी गे
सिफ्त करै "पाली" अपने गै प्यार दी
फुल्लें साईं रखना उन दिलदार गी
ओ ना ना करदे साढ़े रंगे च रगीं गे
नैंन बिस्ले भौंर बनी डंगी डे
पलीस

भराऐं दी सांझी निं जमीन जीन दिंदीं
लग्गी जा लड़ाई नेईं पलीस जीन दिंदीं
अब्बल ते सौखी जेई नकल निं थोंदी
बिच्चो बिच्च जांन यरो सुकदी गै रौंह्दी
भैड़ी दुनियां पानीं दा घुट पींन निं दिंदीं
ओई जा लड़ाई नेईं पलीस जींन दिंदीं
सिद्धे सारें गी चलाकड़े लैंदे न फसाई
पलीसा नैं रलि झूठे केस लैंदे न बनाई
तक्की तक्की हलात अख्ख मती रोह्दीं
ओई जा लड़ाई नेईं पलीस जींन दिंदीं
माड़े माह्नूएं गी सारे दरंडां गै न दिंदे
जोराआले बेड़े विच्च कंदां गै न दिंदे
तौबा ऐ दुनियां सौखा जीनां निं दिंदीं
होई जा लड़ाई नेईं पलीस जींन दिंदीं

*****

अक्खां निं रेईयां

ओ अक्खां निं रेईयां ते दंद निं रे
साड़ी जीबै दे सूआद पसंद निं रेह्
गल्लां मनैं च मनैं दियां रेई गेईयां
डूंगियां आसां मेदां सब ढेई एइयां
फीह् पैलैं आले ऐश नंद निं रेह्
साढ़ी जीबै दे सूआद पसंद निं रेह्
पैलें किट्ठे रलियै खेड्डां खेडदे हे
जानिऐं इक्क दूजे गी छेड़दे हे
अज्ज हिरखै दे गूढ़े रंग निं रेह्
साढ़ी जीबै दे सूआद पसंद निं रेह्
अद्दूं बगानें खेतरै लंघियै जंदे हे
ते कब्डियां दुआनें त्रोड़ियै खंदे हे
अज्ज भलेमानस माहनूं चंद निं रेह्
साढ़ी जीबै दे सूआद पसंद निं रेह्
पैलैं किट्ठे घरें च सब रौह्दें बौदे हे
सब जी इक्को पसारै च सौदे हे
पाली गरां अज्ज सेयाल चंग निं रे
साढ़ी जीबै दे सूआद पसंद निं रे

* * * * * *

शराब

किन्नी भैड़ी तेरी ए शराब होई गेई
खली भली जिंदगी ख़राब होई गेई
तरकालें वेले रलियै तूं जुट्ट बनाना ऐं
ठेकै जाईयै सिद्दे रज्ज तूं लानां ऐं
कुत्थूंआं तुगी नमीं ए का'र थोई गई
चंगी भली जिंदगी ख़राब होई गेई
खाई पीऐ मगरा तुगी होश निं रैंह्दी
पूरै महल्लै अती तूं चुक्की दी होंदी
बची खुची इज्जत बी खराब ओई गेई
चंगी भली जिंदगी ख़राब होई गेई
लाह्इयै घुट फिह् टुटीऐ साढै प पौंना
ईयां तूं खरा भला सारा दिन रोह्आं
जिंद घट्टै च रुलिऐ बेकार होई गेई
चंगी भली जिंदगी ख़राब होई गेई
इस चंदरी शराबै नैं कुल्ला कीता मूंदा।
घरै दा करी ओढेया मुलेयां गै कूंडा
जिंदगी बी नेयानें दी नास होई गेई
चंगी भली जिंदगी ख़राब ओई एई
ओबी जीव चंगें जेड़े सत्संग च जंदे
परें करदे रस्तै शा खिलरे दे कंडे

उंदी कीती गल्ती तां माफ़ होई गेई

चंगी भली जिंदगी ख़राब होई गेई

रब दा बास्ता ऐ पीना तूं छोड़ी दे

गलियैं च ढिग्गना जीनां तूं छोड़ी दे

रुट्टी तेरी "पाली" बेसूआद होई गेई

चंगी भली जिंदगी ख़राब होई गेई

******

गल्ल कोई शैल

गल्ल कोई शैल शैल सुनानीं चाहिदी

बेमतलबा ठोरकी लानीं निं चाहिदी

शराबी जुआरी कन्नैं जरानां निं लाह्णां

गल्ल इंदें'नैं तौलें तौलें म्कानीं चाहिदी

बेमतलबा ठोरकी लाह्णीं निं चाहिदी

लुच्चे लफ्ंगें सौंमां रवो दना सोगे

बगानें घर ततूनीं निं शुहानीं चाहिदी

बेमतलबा ठोरकी निं लाह्णीं चाहिदी

टब्बरै च सलूक रक्खो तुस बनाइयै

नांनक्क गल्ल कदे निं बदानीं चाहिदी

बेमतलबा ठोरकी निं लाह्णीं चाहिदी

दाजै दे लोभीऐं दे साक निं करनां

जेड़ा मंगै दाज उदे बेड़े निं बड़ना

धीह् दे रिश्ते च सब किश पुच्छील लेओ

हाणं मेल रैत बैत आपूं दिक्खी लेओ

कुड़ी नैं किह् भला अग्गी च सड़नां

जेड़ा मंगै दाज़ उदे बेड़े निं बढ़ना

कुड़ियां ई शैल शैल तुसैं ऐ पडा़नां

जमानें दे साह्ब कन्नैं काबल बनानां

आई माई कोहा प जकीन निं करना

जेड़ा मंगै दाज़ उदे बेड़े निं बड़नां

गल्ल चलै कड़माई दी गल्ल बचारनीं
रिश्ता करनें च शाट काट निं मारनीं
झूठे खवारें दा वसा भुल्लीऐ निं करना
जेड़ा मंगै दाज़ उदे बेड़े निं बड़ना
कुड़ी ओयै लडा़की बेयानीं निं चाहिदी
जे चवढ़ चवढ़ करै समझानीं चाहिदी
करीयै ब्याह् कदे नराज़ नीं करना
जेड़ा मंगै दाज़ उदे बेड़े निं बड़ना
बडी़ मुशकलें मां पयो धीयां न पालदे
उंदी पडा़ई प सारी जिंदगी न गालदे
औखा हुंदा ऐ मता सौरिऐं च रलना
जेड़ा मंगै दाज़ उदे बेड़े निं बड़ना
"पाली"कुड़ी मुड़ा सामां गै पढा दा
चंगीयां गल्लां भाचीं भाचीं सखा दा
दोनें पासे तूं पुत्तर नेंयां गै करना
जेड़ा मंगै दाज़ उदे बेड़े निं बड़ना

****

लग्गी पेई बरखा

लग्गी पेई बरखा ते चोई पे न कोठे
गिल्लें कोठे अंदर कियां फ्ही रोह्चे
बरखा बराहृइयै ओहृ सारेंई गै तारदा
ठंडी-ठंडी बाहृ झोली गर्मी गी मारदा
दस्सो कुत्थे जेई हून सुक्के थाहृ बौह्चै
गिल्लें कोठे अंदर कियां फ्ही रौह्चै
किश लोक झड़ी च मा'ल पूड़े बनांदे
सौनें दी झड़ी दा तेआर न मनांदे
दिल करदाऐ अस बी शैल शैल खाचे
गिल्लें कोठे अंदर कियां फ्ही रौह्चै
गरजै जेल्लै बद्ल बिजली लैटां मारदी
निक्कें गिलुऐं गी ऐण ते बर्खा ठारदी
पित्त तिढ़कै थां बरदी बरखै च नाह्चे
गिल्लें कोठे अंदर कियां फिहृ रौह्चे
झड़ी च सच्चें तेरा मंदा बड़ा लगदा
कैंत जुदें परदेसें हुंदा मन नेई लगदा
दिल बल्सादा मुढ़ी किट्टे औंईऐ बौह्चै
गिल्लें कोठे अंदर कियां फिहृ रौह्चै
रब दिआं रम्जां यरो,रब गै जांनदा
रुस्सें गीं झट्ट ओ कोल खिची आनंदा

खौवरै कदुं सजनें न बुल्लें प हासे
गिल्लें कोठे अंदर कियां फिह् रौह्चै

*****

कंजक

मां!! जिल्लै मीं जर्म लेया हा ते

तुगी घरै शा कड्डी अड़ेआ ??

तुगी सारें रलिए मारी कुट्टीए बा'र सिढ़कै प शढी ओढेया हा ?

मां ! मां ! तूं कनेयें लोकें च रौणिऐं जालमें च पापीएं च ??

तुगी ऐड्डी बड्डी सज़ा !!! कंजकै दे जर्में प ऐडा बड्डा जुल्म ?

पर तूं हून दिख्खदी रौ इंदे कन्ने केहू केहू मालक बदले लैंदा ऐ ??

ओ मालक !!! सब दिख्खै'रदा,उदे घर देर ऐ पर नेहू नेईं

तूं बिंद नेईं घबरा , चैंतां निं कर बस

वक्त दा पेहिया फिरन दे

जुन्नै जुन्नै बी तेरे कन्ने बदसलूकी कीती ओहू मींमीं दिखी लैती ऐ

मिं चुपचपीते कन्न लाईऐ तेरे गर्भ शा इंदें ताने मीणें सुनदी रेईं

कसूरवार पापा बी हैण जुन्नैं धीहू दी खुशी निं मातम मनाया

मेरी छातिया गुस्से दी अग्ग हूनि गै भखन लेई पेईं ऐ

मां !! मां !! मीं तेरे राहू प चलने दा बीड़ा चुक्की लेत्ता ऐ

तेरी जिंदगी गी इन्नां नर्क बनाने आले गी घटिया मौत मिघग

मेरे लेईं मां !!! तूं दुनियां दी दिलेर, उच्ची ते सुच्ची मां ऐ

आऊं पढ़गी,अग्गे बदगी, नां बड्डा करगी तेरी गै पूजा करगी

मां मां जिन्नै बी मिगी गर्भ च मारेया मीं उस घर फेरा पागी

इक वैदा ज़रूर करघं जिस घर बी जर्म लैगी सुरग बनांड

मेरी बेदना, दर्द गी मसूस करने आले दा मीं साह् मनगी

मां !!मां!! तेरी जिंदगी च आऊं शैल रंग भरगी

ते मेरे कन्नें कन्नें तुम्मीं अंतरिक्ष दी सैर

करगी ।

******

बिजली

जिस्लै रातीं साढ़ी बिजली गेई

पूरी रात असेंगी निंदर नेईं पेई

तड़फी तड़फी बुरी हालत ओई

कच्ची निंदरै रे पासे गै परतांदें

घुंमां च रे सारे रात परसै नांह्दे

मच्छरै नैं खादी जांन थुई थुई

तड़फी तड़फी बुरी हालत ओई

निक्के गिल्लू लुढ़शदे गै रेह

मच्छर पम्मी पम्मींऐ मुशदे रेह्

पेश नेईं चली साढ़ी राती कोई

तड़फी तड़फी बुरी हालत ओई

गर्मी च एह् तौलैं बत्ती नेईं छुड़दे

मुट्टी मुट्ठियां गालां सब गै कड़दे

गर्मी कन्नैं बचैरै जंदे एह् बतोई

तड़फी तड़फी बुरी हालत ओई

नेह्हा म्नेरा जोंरें जोंरें माणों रोऐ

कुत्ते भौंकन दिल निं खलोऐ

औखी भारी च ना साथी कोई

तड़फी तड़फी बुरी हालत ओई

*****

जिमींदारी

पैहूँ होर नेहा कम्म शडी़ जिमींदारी ही
ओदूं नां कोई दुःख हा नां कोई बमारी ही
म्बैलें,दी नेही चंदरी बमारी लग्गी पेई।
कोठे शा,ढिग्गी पेया ते बांहृ भज्जी गेई
बाहब्लूनें आंगर दौढ़नें दी,केहृ लचारी ही
आदूं ना कोई दुक्ख हा, नां कोई बमारी ही
अज्ज भरा गै भरा प आन्ने कड़ैं'दा
इक दुऐं दियां लत्तां बामां बढ़ै दा
अज खदें न चिट्टे औदूं पींदे बस चाह्री ही
औदूं ना कोई दुक्ख हा,नां कोई ब्मारी ही
फोना नैं दुनियां दे,भेद खोली, ओड़े
केई मौजां लुटैंदै केई कक्खें रोली ओड़े
इज़त धी- भैनें दी सांझी उंदी साढी़ ही
ना कोई दुक्ख हा न कोई ब्मारी ही
हून बीपी ए बदेदा ते शूगर जिंद खा दी
डाक्टरें दियां मुख्त च कोठियां बना दी
हून ऐठ कारां,आदूं शैकल सुआरी ही
ना कोई दुक्ख हा न कोई ब्मारी ही
पाली"तुमीं मन्त्री लै समय दी सार गी
परे लाइऐ शुट, अपनें फाल्तू भार गी

लबनीं नीं कदे ,ओ दुनियां प्यारी ही
ना कोई दुक्ख हा, ना कोई ब्मारी ही

****

अंधवान

तरकालें लै रोज़ अंधवान चढ़ै दा
माड़े गरीबै दा नसकान गै करै दा
झुल्दी ऐ जदुं जुल्लै जोरैं जोरें नेह्ली
चलदी दी निं पेश आदूं तेरी ते मेरी
मोम कुल्ली पा गरीब साह्या करै दा
माड़े गरीबै दा नसकान गै करा दा
धूढ़ै'ब्रें किन्नींयां अखींयां भरोऐ दियां
माक्कियां झड़ी झड़ी गारे च पवै दियां
आनमोढ़ जागत टीसी जाई चढ़ै दा
माढ़े गरीबै दा नसकान गै करा दा
चरदे चरदे डंगर फिह् पूतरी गै जंदे
तरिट्टियैं तरिट्टियैं खिच्चण घरै ई बंदे
शराबी मस्त जिसी फिकर निं घरै दा
म ड़े गरीबै दा नसकान गै करै दा
बंद रखो अंधी च भेत ते भीत्तियां
असें बी गल्लां ए बड्डें शा सिखियां
रैम्मां शा तुफान दरख्त पुट्टी धरै दा
माड़े गरीबै दा नसकान गै करा दा
"पाली" तूं समझ कुदरत अग्गें जोर निं
जे ओह् करै रहमत तां कोई थोड़ निं

बंदे गी तक्की बंदा बिचोबिच सड़ै दा
माड़े गरीबै दा नसकान गै करै दा

******

मीट

खाई खाई मीट अजे बंदा निं रज्जै दा
तरी-तुरी पीये ते खरोड़े बी चब्बै दा
मीटमाट खाणां तां जीबै दा सुआद ऐ
होई जंदी सगों उल्टी सेह्त गै खराब ऐ
बमारीयें प नांनक्क दूना पैहा लग्गै दा
तरी-तुरी पीये ते खरोड़े बी चब्बै दा
गंदमंद खाई पशु मैला पानीं पींदें न
घाह् निं रेया मोमी लफाफें प जींदें न
माहूं निरापुरा कसाईजान लग्गै दा
तरी-तुरी पीये ते खरोड़े बी चब्बै दा
हर थाएं खुल्ली दियां मीटै दियां हट्टीयां
भिणं भिणं करै'दियां दुआले मक्खियां
हट्टी दा शाह् बी इक्क पैहा निं छड्डै दा
तरी-तुरी पीये ते खरोड़े बी चब्बै दा
इक गल मनें च 'पाली' दी ध्याओ जी
शरीर इक मंदर इसी सुथरा बनाओ जी
हड्डुपैर खुरै'दे तूं सेह्त बनाण लग्गे दा
खाई खाई मीट अजे बंदा निं रज्जै दा
तरी-तुरी पीये ते खरोड़े बी चब्बै दा

*****

बंदा लिस्सा

सेई सेईए अंदर बंदा लिस्सा होआ दा
रंग भुस्सा डुं सारा टब्बर बतोआ दा
बागड़ बिल्ले आंगर इक दुए'ई घूरा दे
पल्चै निं करोना बिच्यो बिच्च झूरा दे
पैहा धेला कुतुं मंगे दा नेईं थोआ दा
रंग भुस्सा डुं सारा टब्बर गै बतोआ दा
करोने दे मरीज़ अस्तपतालें बिल्कै दे
लाज़ निं करदे डाक्टर उपरा किल्कै दे
मौती दे बाद बी इक धेला निं थोआ दा
रंग भुस्सा डुं सारा टब्बर गै बतोआ दा
नेयाणें गिझी ए बरींके कैंचो रौंला पादें
पढ़दे पुढ़दे ऐन्त्रीं बस म्बैल गै चलादे
इक कराओ चुप तां दुआ इंयां रोआ दा
रंग भुस्सा डुं सारा टब्बर बतोआ दा
सच्च गै गलादें न साढ़े बुजुर्ग सियानें
जिदे कोहै दाणें उदे कमंले बी सियानें
बंदे प बंदा हूण ऐन्त्री हत्थ धोआ दा
रंग भुस्सा डुं सारा टब्बर बतोआ दा
दिन न औखे लम्मीं होइआ न रातां
करमें दियां खेडा़ तां कूढ़ सब जातां

गरीब मजलूम गै चक्की च पोआ दा
रंग भुस्सा डुं सारा टब्बर बतोआ दा
सबर करो दना उन्न बेड़ी बन्नै लानीं ऐं
'पाली' दी गल्ल आखी सच्च बनानी ऐं
बलग हां दना तूं कि काह्हा पीआ दा
रंग भुस्सा डुं सारा टब्बर बतोआ दा

******

गीत

सोह्हा लगदा ए हार संगार गोरिये
जुल्लै टुरनि'ऐं पब्बें दे पार गोरिये
कुड़िये कटड़े दिये
फलिये मट्रै दिये
लक्क पतला तेरा नौं नौं बल खंदां
गज़ गज़ लम्में केस जूड़ा खिलरी जंदा
होला फंग्घ तेरा लगदा भार गोरिये
कुड़िंये कटढ़े दिये
फलिये मट्रै दिये
नैंन शराबी ते कन्ने च बालू लंम्कण
टुरनींये जुलै छन छन पंजेबां छंनकन
राहरांदू बी तकदे नुहार गोरिये
कुड़िंए कटढ़े दिये
फलीए मट्रै दिये

* * * * * *

करोना

किन्ना भैड़ा करोना एह् निं खेड़ा छड्डैं दा
तुप्पी तुप्पी फाई फाई सप्पै आंगर बड्डैं दा
लग्गी दी लड़ाई हून टीकें ते दुआई दी
लग्गी दीऐ दौड़ रोज़ नेयाणें दी पढाई दी
जिंदु शा रत्त निं एह् पी पी रज्जै दा
तुप्पी तुप्पी फाई फाई सप्पै आंगर बड्डैं दा
किश ते ओईयां होणींयां साढ़े थमां खुंज्झां
तांई शुट्टी होईयां साहू खट्टै थमां पुंज्झां
आह्ली बी बंदा अपनीं मेयांङणी निं छड्डैं दा
तुप्पी तुप्पी फाई फाई सप्पै आंगर बड्डैं दा
मते हारे ढली एह् गिणीं गिणीं सांहें गी
लुढ़शी लुढशीऐ मरे,नां लैंदे रेह् हे मांएं दे
जुल्मैं दी कुंत्री गी ना कोई ढक्कनै नैं कज्जै दा
तुप्पी तुप्पी फाई फाई सप्पै आंगर बड्डैं दा
बदी गेईयां यरो इत्थै ठग्गियां ते चोरियां
झूठ ते बद्धकारी दियां भरा दे बोरियां
दंदे एठ देई देई बंदे करोना ऐ चब्बै दा
तुप्पी तुप्पी फाई फाई सप्पै आंगर बड्डैं दा
आखै दा ऐ पाली सारी करनी ऐ रब्बै दी
किश नेहा होनां जेह् गल्ल मन्नीं लैंदे बब्बै दी
मारैं'दा एह् शाट्टां उप्परा गालां साहूं कढ्ढै दा
तुप्पी तुप्पी फाई फाई सप्पै आंगर बड्डैं दा

मोबैल

जेहृ चार्ज लाएदा म्बैल चार्ज होन दे
बसोई लै दना क तू उसी बी बसोन दे
हरबेलै तूं कन्न एदे मरोड़दा गै रौह्लां
लड़दीऐ मक्ख तूगी दौड़दा गै रौनां
तक्क रख उपर मखियां निं बौंन दे
बसोई लै दना क उसी बी बसोन दे
मौबैल बिज़न होर तुगी केड़ा कम्म ऐ
डेले ग उबली सुक्की गया चम्म ऐ
परियें गी विच अपनीं मस्ती च नौन दे
बसोई लै दना क उसी बी बसोन दे
आनलाइन जदुं दी बी चलै दी पढ़ाई
मां बब्ब ठाकी ठाकियै बनीं ए शदाई
ना खिच्यो इसी दना क बेह्ला रौंण दे
बसोई लै दना क उसी बी बसोन दे
सौखे हे ओदूं बी जदूं म्बैल नेहीं ओदे
दिये दी लोई पढदे हे फेल नेहीं ओदे
नेई मडा़ छेड़ इसी इक्क थां खलोन दे
बसोई लै दना क उसी बी बसोन दे
आखदा ऐ पाली म्बैल बड़ी भैडी़ बमारी

जेडीे़ ही कमाई इन्नै चट्टी ओडी़ सारी
अक्खा होईयां चुन्नींआं,बचीयां रोंन दे
बसोई लै दना क उसी बी बसोन दे

******

मास्कां

मास्कां मूंहू बन्नी दियां पैर खुर बी धोआ दे
सरकार बी चलैंदी ते लोक बी मुआ दे
घरैं'च न बंद जेड़े बाहू जानां आखा दे
दुआरी दीं सीखें चा डरी डरी झांका दे
अस्पतालें मरें'दे खाली स्नेह न थोआ दे
सरकार बी चलै'दी ते लोक बी मुआ दे
दुआई बड़ी टीके बी बड़े भरे दे स्टोर नैं
सरकार ए ग्लादीं ए हरीफी निरे चोर नैं
टीवी प दिक्खो झूठें डांगो– डागं ओआ दे
सरकार बी चलै'दी ते लोक बी मुआ दे
लोक घरें ढक्के दे ते नेता केहू करा दे
शरम करो जरा मासा मुडदे गंगा तरा दे
मैंहू च दिखो पापी ए किंया ऐंश करा दे
गरीबै दे पीपे शा हून मुक्की एदा आटा ऐ
जेहू सरकार करै रैह्म फिहू कैदा घाटा ऐ
खरे भले बंदे भुक्खे सुत्ते दे गै सवा दे
सरकार बी चलै'दी ते लोक बी मुआ दे
किट्ठे होई असें इक दुए गी बचाना ऐं
दुखें दे हाड़ै दा 'पाली' बेड़ा बन्नै लानां ऐ
भेड़े –भेड़े नित नमें सनेह् न थोआ दे।श
सरकार बी चलै'दी लोक बी मुआ दे

आ मड़ा

आ मड़ा इक बेरी फि किट्ठे ओई बौचै
कीते दे पाप अस रलिमिली दोये धौचै
खुल्लियै लाट्चै गड़ाके खुलियै हसचै
गल्लां करचे गूढ़ीयां ईया संगदे निं रौट्चे
सुंगद पाचै कदे हून मींनें नेई मारगे
चुब्बां कन्नें तंडाणें दिल निं कदे साड़गे
केहृ लैनां दुनियां शा अस आं बेदोशे
दिलैं आली मैल दोए रलियै अस धौचै
दोऊं जींए दे रोसे कन्नें घर निं चलदा
रोशनी दा घरै च ना फीहृ लाटू बल्दा
रब बी रौंदां ऐ खुश जेकर किट्ठे होचै
दिलैं आली मैल दोए रलियै अस धौचै
रलियै रौंना बौंनां सियानें सच सनांदे
लांम्बा रौंनां जेड़े रस्सी दा सप्प बनांदे
पाली कैसी भार सिर बदी दा ढोचै
कीते दे पाप दोए अस रलियै धौचै

*****

माड़े चंगें

इत्थै गै माड़े इत्थै गै न चंगे
हाल लोकें दे न बड़े गैहृ मंदे
मुंऐं प तक्को मास्कां फ्साई दीयां
भुतजन शक्लां इन्नें बनाई दियां
खंदे रौंदे रोज़ एहृ पुलसै दे डंडे
हाल लोकें दे हून बड़े गैहृ मंदे
मते सारें भट्टी सियासी भखाईं'दी
ग्रीब रडा़दा मिगी लोड़ ऐ दुआईं दी
हत्थ जोड़ी पांदे किन्ने किन्ने छंदे
हाल लोकें दे न बड़े गैहृ मंदे
रैहृ तरस ते इत्थै कोई नेईं खंदा
टक्कें टक्कें खा'रदा बंदे ई बंदा
हक्क गरीबें दा केईं शानैं नैं खंदे
हाल लोकें दे न बड़े गैहृ मंदे
क्हानीं बल्लैं बल्लैं मुकदी जारदी
मौत बी कोल कोल ढुकदी जारदी
खबरै कदुं मुखनें न एहृ खूनी दंगे
हाल लोकें दे न बड़े गैहृ मंदे
"पाली" कियां निवना कुढम कबीला
औखा हून ओया करना बसीला

तरले पांदे मेंनतां करदे माड़े बंदे
हाल लोकें दे न बड़े गैहू मंदे

****

धोखा

दुनियां इक बड्डा भारी धोखा
साह् लैना किन्ना ओआ औखा
नेईं फसेओ कुतै इंदी चालें च
मारदा सिद्धे सिरै च टोका ।
चम्म माड़े दा लुहां्दे न एह्
सिंघ जानिंयै पलचादे न एह
जफ्फी दा एह् तुपन मौका।
साह् लैना बी किन्ना औक्खा।
रिश्वतखोरी न बदाई जंदे
पैहा खुल्ला ए खाई जंदे
लुढ़की लुढ़की माहूं मरै दे
बिंद निं डरदे करदे धोखा
करोने दी मुसीबत छाई दी
इन्न बी दुनियां लम्मी पाई दी
इक्को सैंसा इदी दुआई दी
ओईआ यरो जीना औक्खा
कुन्नै मरना ऐ ते कुन्नै जीनां
फट्टेदा टल्लू तां कीयां सीनां
रब्बा जीनें दा दे इक मौका
शैल खाईलो ते शैल लाईलो

प्रभू दा नां मनैं च धेआई लो
उद्धम करी अग्गै गैं बदाई लो
फि करोने नैं लड़ना सौक्खा

******

लवेरी गौ

समझियै लवेरी गौ दुध चूघंण लग्गे दे
चोर चक्के सारे गरीब पूंझण लग्गे दे
दकानदार दिक्खो जी जी करी बोला दे
गल्लें गल्लें'च ओहृ सौदा घट्ट तोला दे
मारी मारीए झूठ कियां नोटें नैं रज्जे दे
चोर चक्के सारे गरीब पूंझण लग्गे दे
मैंगी दुआ उपरा डाक्टर गुरले कड्डा दे
लेई लेईयै फीसां ऐन्नीं एहृ रज्जै दे
गरीब बंदे तुरदे न जिंयां लक्क भज्जे दे
चोर चक्के सारे गरीब पूंझण लग्गे दे
वोट लेईयै सरकारें गरीबें गी ठग्गेआ
गल्ल सुननें दा निं उनैंगी टैम लग्गेआ
बोलदे एहृ इन्ना जिआं कक्खे हेठ खट्टे दे
चोर चक्के सारे गरीब पूंझण लग्गे दे
मुल्खै गी साढ़े बस तेर मेर गै खाई गेई
लड़ी लड़ी घुली घुली पागलजन बनाई गेई
घर निं भायें रुट्टी फ्ही बी पी पी निं रज्जै दे
चोर चक्के सारे गरीब पूंझण लग्गे दे
लवेरी समझियै गौ दुध चूघंण लग्गे दे
चोर चक्के सारे गरीब पूंझण लग्गे दे
******

गीत पटारु

केह सनां गल्ल

केह् सुनां गल्ल लोक कैली न रोआ दे
खुशी दे थाह् नेह् मरने दे न थोआ दे
कैह्ली ए कैह् करोने दा झुल्ली एया
दुःख दर्द बंडना कैसी ए भुल्ली एया
टाणिं बणीं बनियै सब भागें'ई रोआ दे
सैह्क दीआं लाशां मूंडे उपर ढोआ दे
इसदा डंग लोको कड्डी लैंदा जान एह्
खुल्ला ढुल्ला ओईऐ फिरा दै सान एह्
गुस्से च आनियै बोल चंगें निं खोआ दे
खुशी दे थाह् सने मरने दे न थोआ दे
घरैं दा मौह्ल बी ओईआ ख़राब ऐह्
लाड़ी गी चाईदा हर कम्म दा जवाब ऐ
आकड़ू मराज़ हूण झूठे भांड़े धोआ दे
खुशी दे थाह् सने मरने दे न थोआ दे
माड़े हलात,दस्सो रूट्टी कुत्थुं खानीं ऐं
सरकार निं देआ दी पल्ले दा दुआनीं ऐं
पुठ्ठी चक्कीआं सब गै पोआ दे
खुशी दे थाह् स्नेहा मरनें दे न थोड़ा दे

* * * * * *

बंदे दा नसीब

दिक्खो केह् बंदे दा नसीब ओई गेआ
खंदे पींदें बंदा अज गरीब ओई गेआ
खुशी खुशी ओ घेआड़ी तप्पा लांदा हा
मिस्सी लूणीं ओ नेआनें ई खलांदा हा
करोना ते सारें आला धोनां धोई गेआ
खंदे पींदें बंदा अज गरीब होई गेआ
गिणीं गिणीं लाशां अक्खां न पक्कियां
कदे बी जिंदगी च तंगीयां निं तक्कियां
सुनीं सुनीं खबरां पाली बी बतोई गेआ
खंदे पींदें बंदा अज गरीब होई गेया
हर थां लोक आक्सीजना गी दौड़ा दे
डाक्टर मरीजें गी शिड़कें प शोडा़ दे
गरीब दाऊं पुढ़े एठ चक्की च पोई गेया
खंदे पींदें बंदा अज गरीब होई गेआ
बंदे कच्छ रेया निं कोई पैहा धेला ए
जिंदगी बनीं एई दुक्खें दा झमेला ए
सानूं दुखी करी रब्बा केह् थोई गेआ
खंदे पींदें बंदा अज गरीब होई गेआ

*****

जिंदु दे साहृ

जदुं मुक्की जानें जिंदु दे साहृ
तूं दस्स मल्ला !!! केहृ करगा
तुगी केढी़ गल्लै होएदा शदा
तूं दस्स मल्ला !!! केहृ करगा
निकी एई गल्लै दा ख्लार पाई बैठदां
बाऊ दे घोड़ै तूं सुआर होई बैठे दां
मेरे कनैं कर तूं चज्जै दी सलाहृ
तूं दस्स मल्ला !!! केहृ करगा
तुगी केढी़ गल्लै ओएदा शदा
हर बेलै मेरे प तूं बामां गै लुआरनां
जानीं जानीं कैसी रोहृ मिगी चाढ़नां
ईयां लोकें कत्रें चुगलियां निं ला
तूं दस्स मल्ला।। केहृ करगा
तुगी केढी़ गल्लै ओए दा शदा
जुंदे लेई करबैं तूं इट्टां चोरी कठि्ठयां
उनैं नेई झोलनियां कदे बी पक्कियां
दिल स्डियै ओई गेआ सुआ
तूं दस्स मल्ला !! केहृ करगा
तुगी केढी़ गल्ला ओए दा शदा

शोड़ ए अड़ी नां उस दा धिआई लै
जींदें जींदे तूंमीं किश अपना बनाईलै
हीरा जर्म कोहा चाहलीं तूं बचा
तूं दस्स मल्ला !!! केहृ करगा
तुगी केढी़ गल्लै ओए दा शदा

******

आइया करोना

आइया करोना, छाई गेआ करोना
खूनी अत्थरुं ,रुआई गेआ करोना
दुनियां च कियां मौत बनी नच्चै दा
खिट्टां पेदा, ते जौरैं जौरैं हस्सै दा
बिलघां केईएं गी पाई गेआ करोना
आइया ....
वुहान शैरा थमां ऐ उट्ठी खड़ोया
फ़िह नेईं भूत ऐह बिंद बी बसोया
बड़ा गी बेकेआसा एह् मौत पौनां
आइया ....
खतरा इ जानैं दा बाह् निं जाओ
मन्निनयै हुक्म सरकारी जिंद बचाओ
भुल्लो निं तुस यरो,हत्थ मूं धोना
आईआ........
मास्क सैनिंटाईजर गी लांदे रीह्आं
शिंडा़ रखीए गल समझाने रींह्
घर घर पाया एह् इन रोनां धोना
आइया करोना, छाई गेआ करोना

******

गीत

मेरी इश्क नशानीं ना तूं मोड़ अड़िये

इयां साह्ड़े कन्नें रूस्सा छोड़ अड़िये

ओ मेरे मगर तूं लग्गनां छोड़ अड़ेआ

इयां झूठें लारें दिल निं तरोड़ अड़ेआ

होर निं करायां चन्ना मेरियां भड़ियां

मीं ते मेरे चन्ना, तेरे हिरखै च रगियां

मेरी बांहा् कुंगली निं मरोड़ अड़ेआ

इयां झूठें लारें दिल निं तरोड़ अढेआ

दिन–रात मिगी रींह्दा तेरा गै खेयाल निं

होईजा कन्नें सदा सदा दी भेआल निं

इयां झूठें लारें दिल निं तरोड़ अड़ेआ

****

गोबी दे फुल

गोबी दे फुल सस्ते भा बिका दे
लाल सुए चैङण मैंगे भा बिका दे
भिंडी़ दी तुस यरो गल्ल नेईं पुच्छो
रेट नेहो कल्लै दे जो अज बिका दे
सढ़ी जंदे हट्टी विच रोज़ पेदे भट्टे
मंगाई गी दोआत्थड़े नैं लोक पिट्टै दे
हट्टी हट्टी फिरन गाह्क हुंदे परेशान
सब्जी नेईं लैंदे खाली भाह् पुच्छै दे
जुद्धर बी दिखो अग्ग जान लग्गी दी
सौदे जेड़े स्वल्ले औबी मैंगे बिका दे
मार पबै करदी भलेंआं गरीब गी
रोंदा अज्ज बेईयै खुट्टी तकदीर गी

*****

दो परोहे

इक्क दिन कोहा दे घर दो परोहें गेए
सारा दिन बचारे ओह भुक्खे गै रेह्
नच्चदे रे उंदे ढिंडै च जोंरें जोंरें चुऐ
भुक्ख कन्नै होई गेह् हे रंग लाल सुए
मच्छी आंगर बचारे लुढ़शदे गै रैह
सारा दिन बचारे ईयां भुक्खे गै रेह्
आखन घरै दे तौंलैं आलू बनानें आं
इक इक भुणिएं तुसैं ई खलांने आं
तरये मरीऐ संग्घें फिह् सुक्के गै रेह
सारा दिन बचारे ओह भुक्खे गै रेह्
गल्लें गल्लें च सानूं भुक्खे गै रखेया
खीवरै कोदा बडलै मूं हा तक्केया
अनखादी टुरे घरै शा मूं सुच्चे गै रेह
सारा दिण बचारे औह् भुक्खे गै रेह्
निक्कड़ू नेए परोहें गी संग मती आवै
बदोबदी हासा कन्नें खंग मती आवै
साह्ड़े कन्नें खवरै कैह्ड़ी बुस्से दे रेह्
सारा दिन बचारे ओह् भुखे गै रेह्
घरा पाली निकलो ते खाईयै जाओ
इज्ज़त अपनें घरै दी तुस बचाओ

अस बेदोशें ओह बस गुस्से गै रेह्
सारा दिन बचारे ओह् भुक्खे गै रेह्

******

आईआ करोना

आईआ करोना छाई गेआ करोना
खूनी अत्थरुं रुआई गेया करोना
दुनियां च कियां मौत बनी नच्चै दा
खिट्टां पेदा ते जोंरैं जोंरैं हस्सै दा
बिलघै केईऐं गी पाई गेआ करोना
आइया............
वुहान शैरा थमां ऐ उठ्ठी खढोया
फ्ही नेईं भूत ऐह बिंद बी बसोया
बड़ा गै बेकेआसा एहृ मौत पौनां
आइया ....
खतरा मता ऐहृ तुस बाहृ निं जाओ
मन्निये हुक्म सरकारी जिंद बचाओ
भुल्लो निं तुस यरी हत्थ मूं धोना
ओइया........
मास्क सैनिटाईजर गी लांदे रौहृां
शिंड़ा रखीए गल समझाने रौंहृां
घर घर पाया इन गै रोना धोना
आइया करोना छाई गेआ करोना

******_

गीत

परें हटो नीं लोको आई लंबरदारनीं
भैड़े लोकें गी इन्न तौंन शैल चाढ़नी
कुडियें चिडिएं गी जेढे जाणिंए न छेड़दे
लत्त पूआंईऐं उदे मुंऐं पर मारनीं
मां बोली गी जो जाणींए न भुल्लै दे
फ़डियै उनेंगी इन्न कुट्ट शैल चाड़नीं
नशें च जेढे मते ढोरपोर रौंदे न
खब्ब उनैंगी चंगी दब्बिबयै चाढनीं
जुल्में गी असें रलिमिली ए म्काणां ऐं
एह् लडा़ई असें कदे बी निं हारणीं 2
"पाली" दी गल यरो तोड़ असे चाढ़नीं
परें हटो निं लोको आई' लंबरदारनी ।

******

गीत

शोडी़ जानां छोड़ी जानां संसार
तू इक्क दिन छोड़ी जानां...2
नेईं कर भोलेआ मेरी मेरी
ए जिंद तेरी ख़ाक दी ढेरी
तूं छड्डी दे जुल्म कमाना
तू इक्क दिन शोडीं जानां.....
नेईं कर ईन्नी रिश्वतखोरी
रब तक्कदा ऐ तेरी चोरी
इन्न नरकै विच्च लेई जाना
तू इक्क दिन छोड़ी जानां......
गल्लै परती झूठ तूं बोलें
ज़ैर मता नफरत दा घोलें
तूं दस्स कियां रब मनानां
तूं इक्क दिन छोड़ी जानां......
छोड़िए दे तूं पाप कमाना बंदेआ
मन्त्रीलै लै तूं ओदा कैंनां बंदेआ
खीर तूं सख्खनें हत्थ गै जानां
तूं इक्क दिन छुडीं जानां......

******

गीत

कियां करी आमां तेरे कोल मित्तरा...
लग्गी गेआ हिरखै दा रोग मित्तरा
चलदा निं मेरा...हाय
चलदा निं मेरा..कोई जोर मित्तरा
कियां ....
हरबेलै चन्ना तेरी याद तड़फांदी ऐ
हिरखै च तेरे मिगी मारी मकांदी ऐ
नेईं पैरै इच इन्ना मता रोल मित्तरा
कियां................
यादां मिगी तेरियां बड़ा न सतादिंआं
कोल आनें गी मिगी न बलांदिआं
आ दिलै आले दुखड़े फरोल मित्तरा
कियां...................
कल्ले मेरा घरै ईच जी नेईं लगदा
मिलने गी मेरा चित्त बड़ा गै करदा
तेरे हिरखै दा डंगीं गेआ भौंर मितरा
कियां करी आमां तेरे कोल मित्तरा...

******

गीत

गीत पटारु

तेरे बाजा मेरा चित्त नेईं लगदा ओह् 2
तक्की तक्की मन नेईं मड़ा रजदा ओ
कियां समझां आऊं के मिं करां चन्ना
लबदा निं मिगी कोई रस्ता ओह्
तेरे बजोगड़े मीं मरी मुक्की जन्नींआं
दिलै'च तूं मेरे मड़ेया बस्दा ओह्
समझं निं आवै कियां कियां जीनां
हिरख चंगेआड़ा कियां मखदा ओह्
कल रातीं सुखने च लब्बी गेया तूं
मेरी अखियें शा नींदर बी नस्सी गेई
बड़ा समझानीं ऐ टलदा ऐ तांबी नेईं
हिरखै च तेरे रुली गेई ओह्
इक बारी मिली जा वादा तूं नबाई जायां
तूं ऐं मढा मेरे नैन जचदा ओह्

****

गीत पटारु

पोऊआ

इदरा उदरा फ़डिये जगाड़ बनाई लैनां
तरकालैं'लै अम्मी पौआ लाई लैनां
आउट होना तां यार ताह्ने कसदे नैं,
भजदा ऐ मूं फिह् लोक मिगी हसदे नैं,
लोकें कोला चंगा माडा़ खुआई लैनां
तरकालैं......
ढिगदे ढींदें जुस्लै घर परतोना आऊं
बेफोदा हसदे रौंना ते रोई पौनां आऊं,
लोकें कनैं दिलै दे बुआल सनाई लैनां
तरकालैं....
लाडी़ रडा़ बेड़े कुत्थुं भरिऐ डाफी लेई
बुडबुड करै खौबरै के के आखी गेई
अध्दी राती नेयानें ठुआली बठाई लैंना
तरकालैं ......
रलियै दोस्तें यारें ऐ खो भैडी़ पाई दिती
खराभला हा मितरों लामत लाई दिती
उठी रोज़ बडलै मलमां गोडें लाई लैनां
तरकालैं....... .

होर नीं पीं बस कर! डॉक्टर आखा दे
फिफरे होर नीं थोह्ने भाचियै ठाका दे
जान बचे तां पक्की सगंद खाई लैनां
तरकालैं....

*****

गीत

आयां शोरुआ साहूं मिली जायां

आयां शोरुआ साहूं मिली जायां

आई जायां मेरा चित लाई जायां

आयां शोरुआ साहूं मिली जायां

चोरी शप्पै आईजा ऩजरां म्लाई जा

हिरखै दी मारी'गी मुख दिखलाई जा

दिक्ख कुतै रस्ता नेईं भुल्ली जायां

आयां शोरुआ साहूं मिली जायां

मिली जायां मेरा चित लाई जायां

आयां शोरुआ साहूं मिली जायां..

थकी गेईयां हून ऐ अखियां नमाणींयां

तेरें'नैं बेईऐ गल्लां दिलै दी सनाणींयां

ओ मेरे बुल्ले पर हासे सजाई जायां

आयां शोरुआ साहूं मिली जायां

मिली जायां ओह चित लाई जायां

आयां शोरुआ साहूं मिली जायां

तेरे बाज दिल ए कुतै बी निं लगदा

रींह्दी दुआसी चित मिलने ई करदा

साह्ढे दिलै ईच आस जगाई जायां

आयां शोरुआ साहूं मिली जायां
मिली जायां ओह् चित लाई जायां
आयां शोरुआ साहूं मिली जायां
"पाली" झंग आला मेरा रस्ता डक्दा
सैन्तां करांदा कन्ने जोरें जोरें हसदा
इसी आइयै तूं सबक सखाई जायां
आयां शोरुआ साहूं मिली जायां
मिली जायां ओह् चित लाई जायां
आयां शोरुआ साहूं मिली जायां

******

सिद्दी चालीं मूंह्

जिंदे लेई दौढैआं हां दिनें राती तूं
उन्नैं निं कीता,कदें सिद्दी चालीं मूंह्
करदे कत्तीथां ते गल्लें नैंह् टालदे
बेंद जे ठाको तां थाँह् मिगी मारदे
खौंरैं कोदा दिक्खी ऐठां बडलै बडलै मूँ
उन्नैं निं कीता कदे ,सिद्दी चालीं मूं
गल्लें गल्लें भेड़े रो मिगी चढ़ादे
रैदां खैदां लहु, रलिऐ न साढदे
चंगा चोखा खदें कन्ने करदे हूँ हूँ
उन्नै निं कीता कदे सिद्दी चालीं मूंह्
कम्म निं माडा़ कीता घर गै बनाया
पुट्ठे सिदे होइयै , टैम गै टपाया
टुट्टी जंदी खट्ट,जुसी पेई जंदी कूँ
उन्नै निं कीता कदे,सिद्दी चालीं मूंह्
सुखै दा साह् "पाली,"ग्रां लैंन गेआ
डूआठनां दे ठेढे कन्ने मुंआं भार पेआ
रलीमिली कढ़ेआ ई मेरे आला धूं
उन्नै निं कीता कदे सिद्दी' चालीं मूंह्

* * * * * *

गीत

मिगी इक बारी हसियै बला अ‌ड़िये
मेरे हिरखी सुखने सजा अ‌ड़िये
दूर दूर मेरे कोला किं भला रौह्लीं ऐं
बखलें नैं कि तूं उठनीं ते बौनी ऐं
आ नैनें कन्नें नैन मला अ‌ड़िये
मेरे हिरखी सुखने सजा अ‌ड़िये
मेरे दिलै ईंच उठदे पचाल गोरिये
ए मोरनी जेई दिखी दिखी चाल गोरिये
पूरे सदरें दे कर मेरे चाहृ अ‌ड़िये
मेरे इरखी सुखने सजा अ‌ड़िये
लोक थांएं थांए भंडुीयां न करदे
पुट्ठे सिद्दे साड़े बारे कन्न न भरदे
दना शैल शैल रखेआं सवा अ‌ड़िये
इरख परीतै दी लग्गी गेई बमारी ओ
खरेभले मानूए दी मत्त जंदी मारी ओ
तूं जानूं जानूं मूं शा बला अ‌ड़िये
मेरे हिरखी सुखने सजा अ‌ड़िये

*****

गीत पटारु

गीत

आऊं जिस कुड़ी गी चांह्दा हा

ओ तां होर कुसैगी चांह्दी रेई

मीं ओदे राह्'च फुल बछांदा रेया

ओह् मिगी झूठे गै भरमांदी रेई

किन्ना क होर तूं चलना ऎं

किन्ना क तूं होर छलना ऎं

तुसें अपना कीता पाना ऎं

असें कीता बोल नबाया ऎं

साहूं समझ आई तूं कि

रस्सी दे सप्प बनादीं रेई

आऊं जिस कुड़ी गी चांह्दा हा

ओ ते होर कुसैगी चांह्दी रेई

*****

पानी दा घुट

लुढशै दी दुनियाँ बरखा पौंन दे
पानीं दा कुट्ट पला जींदा रौंह् दे
पानीं बिज़न बंदा किन्ना रड़ादा
करघालें परसा बगै दा बित्तोतादा
अंबरै शा टूटी मरोड़ दना क नौंन दे
पानीं दा घुट्ट पला जींदा रौंह् दे
बूटे सुक्के पखरू तुपदे आनीं गी
डंगर माल रमांन तरसन पानीं गी
पी पी बोलै प्पीआ बूंदां पौण दे
पानीं दा घुट्ट पला जींदा रौंह् दे
कदेकदालें बह्ल शैल घनोंदा ऐ
बरने तायें निंदा निंदा बी होंदा ऐ
सुट्ट इक्क गढा तूं गिल्ला होन दे
पानीं दा घुट्ट पला जींदा रौंन दे
बुटें बड्डिडयै धरत तूं कोनी कीती ऐ
बरखा कियां होनीं तूं माडी कीती ऐ
पौंन देहां कणिंआं ए मैंलां धौंन दे
पानीं दा घुट्ट पला जींदें रौंह् दे

****

चढ़दा बदल

चढ़दे'दा एह् दा छांदा बदल
फीह् कि नेईं बरांदा बदल
सारी दुनियाँ रड़ा तरयाई
पुछदी बर्खा कि निं बराई
टेठ अढींआं करदा बदल
रुख बूटे दिखो नंगे होए
साह् लैणैं बी औखे ओए
खौवरे कैली डरदा बदल
खेतर सुक्की बालन होए
औखे बोलन चालन होए
नखरे किन्ने करदा बदल
डंग्गर पखरु मंगन पानीं
कुसनैं ईंदी त्रेह मकाणीं
करदा कि ऐ खज्जल बदल
गर्मीं दी तुस गल निं पुच्छो
लवदा कोई हल निं पुच्छो
झूठा मूठ्ठा गै चढ़दा बदल
बिजन बरखा न सुकदे खेतर
भुक्खी पैह्ली बनीं गेई लेत्तर

नखरे बड़े ऐ करदा बदल
रब्बा अग्गैं फरेआद इक करचे
कदे निं अस आपूं बिचें लड़चे
अपनीं मरज़ी करदा बदल

*****

शैल निं

तेरे जेया दुनियां च होर इन्ना शैल निं
तेरे कनै बनदियै साढी बी डैल निं
इन्ना क खेयाल साड़ा तू बस रखेआं
दिलै दी गल खोली साहूं दस्सेआं
औखी मती हूंदी ए हिरखै दी पैहू नीं
तेरे जेआ दुनिया च होर कोई शैल नीं
शोडनांएं भाएँ मिगी बेशक शोडी देयां
हिरख नशानीआं मेरियां तूं मोड़ी देयां
कदे निं औघ फी तेरे उजड़े दे शैहू नीं
तेरे जेआ दुनिया च कोई शैल नीं
करदे न लोक ईयां थांए थाएं भडीआं
मिमीं चन्नां तेरे इरखी रंगें च रंगीआं
रौंनीं नहो हून ऐ लोकें शा शपैल नीं
तेरे जेआ दुनियां च होर कोई शैल नीं
तेरे गै बजोगड़े च रूटी घट्ट खनिआं
इरखे दे पंभडे च टूटी भज्जी जन्निया
रखदा नेईं "पाली" कोई दिलै च मैल निं
तेरे जेआ दुनियां च होर कोई शैल नीं

*****

गीत

तेरे हिरखै च ओई,आं शदैन

मेरे रोंदे नैं शम्म शम्म नैन

ओ रब्बा मीं के कराँ ..

हरबेलै रोमां मडा़ राहृ तैरा तकदी

तेरे बाज चन्ना मेरी दुनियां निं सजदी

मिगी औंदा निं बेंदभार चैन

ओ रब्बा मीं के कराँ .

चेहृे प छाई दिआं गिट्ठु गिट्ठु लालीआं

दिक्खी लै तूं आनिंये दिलै देआ जानीआं

मीं ते लगनींआं सोह्लीं दी भैंन

ओ रब्बा मीं केहृ कराँ ..

सांबी साबीं रक्खां तेरी हिरख नशानीआं

रोज़ मढा मिलनें दे कांहृ मिं डूआनीआं

मेरे दिलै आला टुरी गेआ चैन

ओ रब्बा मीं केहृ कराँ ..

हर बेले तुस मेरी अक्किखियें च बसदे

मन परमांदे जुल्ले,खिडी़ खिडी़ हस्दे

मेरे टुरी जान नैन-परैन

ओ रब्बा मीं केहृ कराँ ..

कक्ख दनां हिल्लै ईयां आयां तूं बझोनां ऐह्
सदरें दा दिलै इच रुग्ग जांन भरोदां ऐह्
मौरा लगदे नैं सत्ततरफैन
ओ रब्बा मीं केह् कराँ ..

******

माड़े चंगे

इत्थै गै माड़े इत्थै गै चंगे
हाल लोकें दे बड़े गै मंदे
चेरें प दिक्खो मास्कां लाई दियां
भूती शकलां इने बनाई दियां
होन जे किट्ठे फ्ही पौंदे न डंडे
हाल लोकें दे बड़े गै मंदे
कुसैनै मज़बी भट्ठी भखाई'दी
लाईऐ चलाका सेयास्त भखाई दी
टलदे निं बिंद कि खेह् ए खंदे
हाल लोकें दे बड़े गै मंदे
केईयें जमातें लुट मचाई दी
बमार रड़ा दा लोह्ड़ ऐ दुआई दी
मुकनें निं "पाली" कदे चोट तंगें
हाल लोकें दे बड़े गै मंदे

******

गीत

मिगी लगदा मराजु बड़ा चंगा
ओ निम्मा निम्मा हसदा रवै
दूर टुरी जा ते लगदा मंदा
ओ निम्मा निम्मा हसदा रवै......
ना'ह्ई धोई लिश्कनां सूट जदुं लांदा ओ
सच्चोसच दस्सां मेरा मन भरमांदा ओ
बोझै पाई रखदा ओ कंघा
ओ निम्मा...............
अत्तरुं लेआया ओ सुन्ने दिआं बालीआं
सस्स ते ननानूं गी पेई गेइयां का'लीआं
मिगी आखदा निं कदे ओ मंदा
ओ निम्मा.............
बल्लें बल्लें टुरदा कबुतरै दी चाल ओ
गलै विच बन्ही लैंदा रेशमी रमाल ओ
कढ़े दुधै दी मलाई ओ खंदा
ओ निम्मा..........
सिगट शराबै गी हत्थ बीं निं लांदा ऐ
लोकें च तांईऐ मती सिपत करांदा ओ

कोई ओपरी शै नेईओ खंदा
ओ निम्मा...............
मीं ते मराजू नैं करनिआं प्यार ओ
जिंद बारने गी रमां म्हेशां गै त्यार ओ
रूट्टी मेरे कन्नें बेईयै ओह् खंदा
ओ निम्मा
इकमिक होई असें हिरख नबाणां ओ
दिल बट्टे दिल देईयै असें गीत गाना ओ
"पाली" सोची सोची होई गेआ गंजा
ओ निम्मा

******

गीत

तूं इक बारी मेरे अल तक्क हानियां
पाइ दिल दे पटारुऐ च रख हानियां
रब थमां हरबेले मंगनियां प्यार ओ
छोड़ेयां निं तूं मडा़ अदविश्कार ओ
तूं इक्क बेरी मेरे कन्ने हस हानियां
केडी़ गल्लै रौंना दस्स निम्मोंचान ओ
नेई कर सजना तूं होर परेशांन ओ
लोक साढ़े प करदे न शक हानियां
तूं इक्क बेरी मेरे कन्ने हस हानियां
चाएं चांएं मीं तेरा नां मता लैंनीं आं
उच्ची नीमीं तेरी हर गल्ल मीं सैह्ही आं
मिगी बाह्लें च घोटियै डक्क हानियां

******

गीत

डोगरिये नारे तुगी चन्न बदलै च तक्का दा
तेरे अल तक्की तक्की होलै जेई शप्पै दा
अखें च सुरमां मत्थै बिंदलू लमकाएदा
सजनें दी डीकै च तूं चौंतरा सजाएदा
बदलू दिखीए गासें मोर कियां नच्चै दा
तेरे अल तक्की तक्की होलै जेई शप्पै दा
लाल-सुईऐं गल्लैं दा रंग चेई चेई पवै दा
हिरखै दा भौर उड्डी गोरी बींणीं प बवै दा
मिठ्ठा मिठ्ठा हासा दिखो दंदें बाहू नस्सै दा
तेरे अल तक्की तक्की होलै जेई शप्पै दा
तेरे अग्गे फिक्कड़ लग्गन सब नारें दे शलैपे
सामने निं लंगदे लोक इनैं लगदे न झाके
लम्में चुंड़ैं विच इज्ज़त माहू ढक्के दा
तेरे अल तक्की तक्की होलै जेई शप्पै दा

******

गीत

ओ डोगरी कुड़ी यरो डोगरी कुड़ी

किन्नी शैल लगदी ऐ खंडु दी पुड्डी

लक्क मट्काई तुरै सपणीं दी टोह्

साहढ़े अल तक्की ओ हसदी बड़ी

ओ किन्नी चंगीं लगदी खंडूं दी पुढ्ढी़

गज़ गज़ लम्में उदे झुल्दे न बाल

भांगड़े च नच्ची नच्ची करदी कमाल—2

जानीं जानियै मेरे मगर लग्गी

मेरे गै खेआलें प मरदी बड़ी

किन्नें सोह्लें लांदी आ टाप ते जीन

मैंग्गें मैंग्गें होटलें च उदा खानपीन

बल्लें बल्लें तुरदी ऐ मोरनीं चाल

******

करोना झल्ली

बेफौंदे तोस बाह नेईं जाओ
करोना झल्ली मगर निं लाओ।।
घर घर पायदा इन्न गै रोना ।
औखा कीता इन्न उठना बौना ।।
गिल्लुऐं गी दना आपें समझाओ।
बमारी करोने दी मगर निं लाओ।
मुंऐं प रमाल ते पट्टी निं भुल्लनीं।
करोना नेह्ही अजे होर बी झुल्लनी।।
भीड़ शा अपनें आपा गी बचाओ।
बमारी करोने दी मगर निं लाओ।।
हथ मूं सारें साबनैं नैं धौंदे रौंना
टल्ले बदलाई सुच्चे बनी बौना
रुट्टी सलूणां फ्ही घर गै बनाओ।
करोना झल्ली मगर निं लाओ।।
गरीबैं दी मदद रलीऐ करनीं चहीदी ।
सफाई अंदर बारै दी करनीं चहीदी।।
मदाद करीऐ सौ सुख तोस पाओ।
करोने झल्ली मगर निं' लाएओ।।

******

गीत पटारु

गीत

ओ मूंहू फेरिए कोला मेरे लंग्गी गे
नैंण बलौरी तरिखे जान डंगी गे
रुत भारी ऐहृ तां कैहृ बी पारा ऐ
मिलने दा रौंहृदा तेरा बस लारा ऐ
ओहृ हिरखै च अपनें साहूं रंगी गे
नैंण बलौरी तरिखे जान डंगी गे
तुंदां निं कसूर ऐ बी आंऊं जानणा
हिरखै बैरियें गी चगीं चालीं पंछानना
ओहृ जानिए गल्लै इच खंघी गे
रूप अज चढेआ जुआनी दे प्यारै दा
मस्ती च जियां ऐ चना ठाठां मरै दा
ओहृ किश आखनें कोला संगी गे
"पाली" कि सुघंद खा अपनें प्यारै दी
फुलें साईं रक्खनां उन दिलदारै गी
ओ तंद हिरखै दी जंदे जंदे गंडी गे

******

गीत

तूं कैहृी साढ़े मन चित्त लग्गी

ते रातीं निं औन निंदरां

सट्ट निग्गर कालजै बज्जी

ते रातीं निं औन निंदरां

जदुं दी परीत असें तेरे कन्ने लाई

करी गेईयैं मोइयै निरा अह्शदाई

चौंदे अथरू ते बेई जंदीं घग्गी

ते रातीं निं औण निंदरां

दिलै च बस्सियै तूं सदरां जगाईआं

हिरखै च नमींआं कदरां बनाईआं

रुट्टी खानीं मीं बजोगड़े च छड्डी

ते रातीं निं औन निंदरां

सट्ट निग्गर कालजै च बज्जी

ते रातीं निं औन निंदरां

रखनींयां सांबियै फोटू तेरा हानिआं

इक्क बेरी मिलीजा ओ दिलजानिआ

तेरी डीके च सारी रात कड्डी

ते रातीं निं औन निंदरां

सट्ट निग्गर कालजै बज्जी

ते रातीं निं औन निंदरां

जुद्धर बी तक्कां ओ लब्बी जान हसदे

जे मीं बलां ओहू परैं परैं नस्दे

तेरे वास्ते मीं दिख कियां सज्जी

ते रातीं निं औन निंदरां

सट्ट निग्गर कालजै बज्जी

ते रातीं निं औन निंदरां

डाडी ऐ परीत तेरी सोन निं दिंदीं

ऊठुन बौन खड़ोन बी निं दिंदीं

"पाली" औखी होंदी दिलै दी लग्गी

ते रातीं नेईंयो औन निंदरां

सट्ट निग्गर कालजै बज्जी

ते रातीं नेई औंण निंदरा

दिलै च मेरे सदरां जगाईआं

हिरखै दी किनीआं कदरां बनाईयां

रुट्टी खानीं मीं बजोगें च छड्डी

ते रातीं निं औन निंदरां

सट्ट निग्गर कालजै च बज्जी

ते रातीं निं औन निंदरां

सांबी रक्खां तेरा फोटू मीं हानिआं

आखदा ऐ दिल तौले मिल दिल जानिआं

तेरी डीकै च मीं सारी रात कड्डी
ते रातीं निं औन निंदरां
सट्ट निग्गर कालजै बज्जी
ते रातीं निं पौंन निंदरां
जुद्दर बी जां ओ लब्बी जान हसदे
कोल जेई बलां तां जानीं पैं नस्दे
तेरे आस्ते मीं दिक्ख किआं सज्जी
ते रातीं निं औन निंदरां
सट्ट निग्गर कालजै बज्जी
ते रातीं निं औन निंदरां

****

सोहें फुल्ल

सोहें फुल्ल तक्की उप्पर भौर आणीं बौंदे न
मारियै ड़ंग त्रिक्खा बिच्चा शैत कड़ुी लैंदे न
सजरे-सजरे फुल्लें दा ए करदे मंदा हाल न
मूंहृ ईंदे काले सिहृ ओई जंदे लाल न
कूंकरदे न जुल्ले मुंआं रस डुल्ली पौंदे न
मारियै ड़ंग त्रिक्खा बिच्चा शैत कढ़ी लैंदे न
पता निं केहृ होना इनैं सुऐ पीलें फुल्लें दा
जेहड़ा दिक्खो उऐ इंदें जोवनै प डुल्ले दा
बिली-बिलियै उप्पर ईंदे साहृ सीकी लैंदे न
मरियै डंग त्रिक्खा बिच्चा शैत कड़ुी लैंदे न
फुल्लें दी खशबो कन्नैं बाग कियां भरोचे दा
रस पीनें लेई पूं'ड़ ,पुट्ठा होई टंगोचे दा
पल्मोई पल्मोईऐ डालीऐं प झूटे मते लैंदे न
डंग मारी त्रिक्खा बिच्चा शैत कड़ुी लैंदे न
मजा निं रेहा "पाली" कल्लैं बागें ईच बौंने दा
परना हेठ बछाइयै फ्ही गूढ़ी निंद्र सौंनें दा
करेयो निं ब'सा,जेढ़े राखे बनीं बौंदे न
डंग मारियै त्रिक्खा बिच्चा शैत कड़ुी लैंदे न

* * * * * *

गीत

आ साढ़े जम्मूयैं दी शान दिखी लै
एदी मिट्टी च बसदी जान दिखी लै
इस धरतै गी मुचदा शमान दिखी लै
लोक सोह्ने खिढी खिढी रौंह्न हसदे
पाह्डें दी टीसीऐं प लोक बसदे 2
कटरै दी पहाडें प मां वैश्णों दा डेरा
दर्शन करनें गी बड़ा चित्त करै मेरा
उच्चे परबत ते पढ़रे म्दान दिखी लै
इस मिट्टी च बसदी तूं जान दिखी लै
पानी चनां दा बगै ठाठां ऐ मारदा
मेईवाल सोह्ली गी आले ऐ मारदा
गोरा चिट्टा डोगरा जुआन दिखी लै
इस मिट्टी च बसदी तूं जान दिखी लै
शैल शबीलीआं ते बांकीआं न नारां
लक्क पतले नैंनें सुरमे दियां धारां
उचड़ी तूं डोगरें दी शान दिखी लै
इस मिट्टी च बसदी जान दिखी लै
गह्रीऐं दे छोकरू भिड्डां बकरू चारदे
हिरखै च हस्सी हस्सी गप्पां न मारदे
साढ़े कन्नें रलियै तुंमी बिंद हस्सी लै
इस मिट्टी च बसदी जान दिखी लै

नशे च लोक

नशें च लोक बर्बाद ओआ दे
फिफरे ते गुर्दें खराब ओआ दे
जुन्न बि एह् शै गले ईच ढाली
पीले जर्द उनैंगी पशाब आवै दे
फिफरे ते गुर्दें खराब ओआ दे
जमीं रवै पिंडे प काली उल्ली
मूंदी करी शोढ़दे न बबै दी कुल्ली
दानें शढ़े पौहा च कसार ओआ दे
फिफरे ते गुर्दें खराब ओआ दे
चोरी शपै ऐ यरो दा लाई लैंदे न
जानीं भुझी इक दूए ई फसाई लैंदे न
दिख्खो भैढ़े भैढे मजाक ओआ दे
फिफरे ते गुर्दें खराब ओआ दे
चिट्टा सुआ नशा, नशा ओंदा भैढ़ा
लग्गी जा जुसी फी शोढदा निं खैढ़ा
जिंदगी दे रंग बेसूआद ओआ दे
फिफरे ते गुर्दें खराब ओआ दे
नशेड़ी दा संग "पाली" कदे निं करदा
मां बब रींदें बस सुक्खनां गै करदा
रिश्ते भी हून नमें नेईं होआ दे
फिफरे ते गुर्दें खराब ओआ दे

मीं बित्तोतां

कोई निं सुंनदा साढ़ी मीं बित्तोतां
दस्सो मिगी बंदा जुसगी गल सनां
चौनें पासै दिखिया बंदा मैं मैं करदा
खाई रुट्टी सारी तां बी टिढ़ निं भरदा
जुल्मै दी चक्की फसी गेई मेरी बांह्
दस्सो मिगी बंदा जिसगी गल सुनां
स्कूलै दी फीसें गी अज रोंन नियाणें
खेतर पेदे सुक्के कुत्थु होंनें दानें
दुखें भरी लह्,मीं दस्सो कुदर धरां
दस्सो मिगी बंदा जुसी गल सुनां
सौखे लोक बी दना क केंद निं करदे
बमार पेईजा मां बब्ब ओ पिंड निं बड़दे
गुंजली गेई ताणीं पाली केह् करां
दस्सो मिगी बंदा जुसी गल सुनां

******

पोऊआ

इध्रा उध्रा फ़ड़ियै जगाड़ बनाई लैंना
तरकालें बेलै अम्मीं पोऊआ लाई लैनां
अद्धीरातीं पिऐ घर परतोना आऊं
बेफोदे गै हस्सनां ते रौला पाना आऊं
जनेंखनें गीत मनें दे बुआल सनाई लैनां
तरकालें बेलै अम्मीं पोऊआ लाई लैनां
लाड़ी मती तड़फै तूं मुदियै डाफी लेई
मूं' च बुड़ –बुड़ करदी खबरै के आखी गेई
लाईऐ गलै नैं गिल्लु लाड़ लड़ाई लैनां
तरकालें बेलै अम्मी पोऊआ लाई लैनां
यारें दोस्तें मिलिए खो भैड़ी पाई दिती
सिद्धे पहरे पिच्छे झल्ली ए लाई दित्ती
बडलै उठियै जख़में मरमां लाई लैनां
तरकालें बेलै अम्मीं पोऊआ लाई लैनां
होर निं पींआं बसकर, डॉक्टर ठाका दे
फिफरे होर नीं थहोनें मिगी एहृ आखा दे
नेई भरावो पींदा हून सगंद खाई लैनां
तरकालें बेलै हून रब दा' नां घेआई लैनां

******

गीत पटारु

रुपै दा मान

इस रुपै दा मान नीं करना
मालक थमां सदा गै डरना
दो घेयाड़े दी अल्लड़ जुआनीं
खीर तूं मिट्टी बिच्च गै रलनां
इस रुपै दा म्आन नीं करना
मालक थमां हर बेले डरना
ऐह् गलियें दे फेरे लुआंदी
कंधां टपांदी ते धौंन भनांदी
एदा भुल्लियै त्यार निं करना
इस रुपै दा तूं मान नीं करना
मालक थमां हर बेले डरना
मुंह्ज़ोर रौंह्दीं ए बनीं मुवटंडी
लोकें च करांदी रौंह्दी भंड़ी
भैढें लोकें दा साथ नीं करना
इस रुपै दा तूं मान नीं करना
मालक थमां तूं हर बेले डरना

******

पिंडा

पिंडा बल्लैं बल्लैं सुकदा जा'रदा
कम मुकदे मुकदे मुकदा जा'रदा
चेते जे करां गल्लां जुआनीं दियां
कलेजा सोची सोची धुखदा जा'रदा
पैलें नेहा सुनदा मीं गल कुसा दी
अज बेड़ा सक्खनां रढ़दा जा'रदा
बेही रौंना भुझां कल्लै पैरैं दे भार
राह्रांदूं बी मिगी हूण मुस्दा जा'रदा
कदे बी निं लैता धरमनें नां प्रभू दा
रब्ब बी बलें बलें रुसदा जा'रदा
रौंह्दीं ऐ सेहत नमांनी कमज़ोर दना
"पाली" कम्म ए तौलें मुकदा जारदा

******

कोटी

तू स्लाईऐ त्रोपे पा अड़िये
हिरखै दी कोटी बना अड़िये
एह् जिंद पाले च ठरदी ऐ
मती ठरूं ठरूं रौंह्दी करदी ऐ
मेरे पूरे करेंयां चाह् अड़िये
इरखै दी कोटी बना अड़िये
इक्क नमीं जेई बुंतरी पा कुड़े
उप्पर तोते चिड़ियां बना कुड़े
मिगी पाले थमां बचा अड़िये
इरखै दी कोटी बना अड़िये
दिख जोटे जोटे गिनीं लैआं
कन्नें बुनदे बुनदे मिनीं लैंयां
इसदा गलमां शैल सजा अड़िये
हिरखै दी कोटी बना अड़िये
मेरी कोटी गी बोजे लायां तूं
डोरी रेश्मी शैल बिच्च सजायां तूं
ओखा सौखा सेयाल कढ़ा अड़िये
हिरखै दी कोटी बना अड़िये
सेयाल इसै कोटी नैं कट्टनां ऐं

"पाली" दा मान बी रख्खनां ऐं
ईंदा बाडर शैल सजा अड़िये
हिरखै दी कोटी बना अड़िये
किश स्लाईऐ त्रोपे पा अड़िये

****

गीत

आ साढ़े जम्मूं दी शान दिखी लै
एदी मिट्टी च बसदी जान दिखी लै
खिड़ी खिड़ी डोगरे न लोक हसदे
पाह्डें दी टीसीऐं प लोक बसदे
धरत गै मुचदा शमान दिखी लै
इस मिट्टी च बसदी जान दिखी लै
कटड़ै दे प्हाड़े मां वैश्णों दा डेरा
दर्शन करनें गी बड़ा चित्त करै मेरा
उच्चे पाह्ड़ पद्धरे म्दान दिखी लै
एदी मिट्टी च बसदी जान दिखी लै
ठंडा चनां दा पानी बगै ठाठां मारदा
मेईवाल सोह्ही गी आले ऐ मारदा
गोरा चिट्टा डोगरा जुआन दिखी लै
एदी मिट्टी च बसदी जान दिखी लै
शैल शबीलीआं न डोगरिंयां नारां
लक्क पतले पान सुरमे दियां धारां
कियां सेहलढ़े बनदे का'न दिखी लै
इस मिट्टी च बसदी जान दिखी लै

गद्दीऐं दे छोकरू बकरू न चारदे
हिरखै नैं हस्सी हस्सी गप्पां न मारदे
साढ़े कन्नें रलियै आ बिंद हस्सी लै
एदी मिट्टी च बसदी जान दिखी लै

******

गीत

अक्ख मारी'ऐ शारा जेया करी गेई

कुड़ी नै मेरी जान कड्डी लेई

हाय कड्डी लेई

कुड्डी नै मेरी जान कड्डी लेई

सपनीं बनीं'ऐ तूं ऐसा डंग मारेआ

छड़ियै कल्ला दिल मेरा तूं साढेआ

तुगी तक्किकयै ऐ खमारी जेई चढ़ी एई

कुड़ी नै मेरी जान कड्डी लेई

कुतै मिलैं कल्ली तुगी दस्सां मीं रंग निं

करें तोबा तोबा कियां टुटदी ऐ बंग निं

तुगी तक्किकयै शराब जेई चढ़ी एई

कुड़ी नै मेरी जान कड्डी लेई

पतली पतंग गुड्डी उडदी शमान निं

सौन निं दिंदे तेरे नैन शतान निं

मेरे उपर ओ जादू जेया करी गेई

कुड़ी नै मेरी जान कड्डी लेई

*****

गीत पटारु

गीत

झूठा ऐ संसार दुनियां मतलब दी

पैहे दा ब्यार ए दुनियां मतलब दी

जेड़े प्यार सच्चा नैं करदे

दिण रात नैं हौके भरदे

तेरी झूठ्ठी ऐ सरकार

सब पैहें दा ब्यार दुनियां मतलब दी

सब पैहें दा ब्यार दुनियां मतलब दी

इत्थै भैंन भरा निं कोई

ना हून दिंदां सच्ची ढोई

सब करदे नैं तकरार ....

दुनियां मतलब दी

शकलें दा ब्यार दुनियां मतलब दी

******

गीत

कियां करी आमां तेरे कोल मित्तरा
हिरखै दा लग्गी गेया रोग मित्तरा
चलदा निं मेरा...हाय
चलदा निं मेरा..कोई जोर मित्तरा
कियां करी आमां तेरे कोल मित्तरा
कियां करी आमां तेरे कोल गोरिये
हिरखै दा लग्गी गेया रोग गोरिए
चलदा निं मेरा..हाय
चलदा निं मेरा.....
कोई जोर गोरिये
कियां करी आमां तेरे कोल गोरिये.
चत्तोपैर चन्ना तेरी याद सतांदी ऐ
तांग्ग मिलने दी तेरे कोल बलांदी ऐ
नेईं पैरेँ'च इन्ना साहूं रोल मित्तरा
कियां....
हिरखै दा गीत असें रलिए गानां ऐं
किट्ठे असें जींना किट्ठे मरी जानां ऐं
मिट्ठे लगदे न मिगी तेरे बोल गोरिये
कियां करी आमां तेरे कोल गोरिये
मिलने गी तेरे औंसिआं मीं पानिआं

इक्क बारी मिल मेरे दिलजानिंआं
भामें दिलै दी तरकड़ी च तोल मित्तरा
कियां....
तेरे बाजा चन्ना मेरा दिल निं लगदा
मिलने गी चित्त मेरा मता गै करदा
तेरे हिरखै दा डंगीं गेया भौर मितरा
कियां करी आमां तेरे कोल मित्तरा...
"पाली" बनी ऐठा मोआ हिरखै दा बैरी
करदा ऐ गल्लां अक्ख रखदा ऐ कैरी
मेरी तेरे अल रौंदीं मती दौड़ मित्तरा
कियां करी आमां तेरे कोल मित्तरा...

******

गीत

तेरे मिट्ठड़े लगदे न बोल

तूं आ बेईजा मेरे कोल

साढ़ी जिंद निं पैरें रोल

तूं आ बेईजा मेरे कोल

हासें तेरे फुल बनीं किरदे

मुल्ल बी बथेरे देनेंई फिरदे

साढ़े हिकड़ु च पौंदे न हौल

तूं आ बेईजा मेरे कोल

लक्कै दे लुआरे शैल किन्ने लगदे

अक्खें च परीतें दे लोरे न जगदे

गल मन्त्री लै निं बन अनपोल

तूं आ बेईजा मेरे कोल

हिरखै दा रोग निकी उमरे च लाया ऐ

झूठे लारे देईयै दिल बड़ा तड़पाया ऐ

गुज्जे भेत मनें दे खोल

तूं आ बेईजा मेरे कोल

तेरे मिट्ठढे लगदे न बोल

****

गीत पटारु

गीत

ओ गल्ल सुनीं लो तरोईऐ

ओ लोको ओए ..हो..हो..हो

तुसेंईं इक्क गल्ल मीं सम्झांन लग्गां

तुस बचीऐ रावें'ओ,करोने शा

ए ते थाएं थाएं ढेरे, लान लग्गा

हत्थ साबनैं नैं धोना नेईं भुलेओ

दी ग़ज दा शींडा नेईं भुल्लेओ

मास्क लाना बी तोस,नेईं भुल्लेओ

ओ.ओ..ओ

एहृ सिद्धे, संघ्घी हत्थ, पानं लग्गा....

तुसैं जलसें जलूसें च रलेयो नेईं

एहृ ते मौत दी कै'हृ ल, बजान लग्गा

तुस सौंगे रवो इदी शतानीं थोह्ला.

हो...हो..हो

ए ते खूनी अत्थरुं, रुआन लग्गा

तुसें टीके लुआओ बारी बारी कन्ने

एहृ ते चंदरा कढ़न प्राण लग्गा

लग्गी'जा खंग ज़काम जे तुसेंईं

सलाहृ डाक्टरी गै तोस लेईं लैयो

ए मलामत हांईमाई नेईं जानीं

ए भैड़ा चिट्टे टल्ले पूआन लग्गा ।।

नशा

लोक दिक्खो नशें च बर्बाद ओआ दे

चंगे भले जानिऐ खराब ओआ दे

नमें नमें जुट्ट एह् बनाई लैंदे न

भोले-भाले न्याणें गी फसाई लैंदे न

खंड मिट्ठे लोक बेसुआद ओआ दे

चंगे भले जानिंए खराब ओआ दे

झूठ- झाठ मारी घरा नसी जंदे न

उल्टे सुलटे गेढ़े च फसी जंदे न

रसदे बसदे केई बेलूआद ओआ दे

चंगे भले जानिंए खराब ओआ दे

न्याणें ताएं मां-बब सुखदे न सुखनां

बुड्डे बारें साढा़ कुन सुख सांद पुच्छना

अक्खें शा अत्थरुं न खूनी चोआ दे

चंगे भले जानिंए खराब ओआ दे

तक्क रख्खो नेड़मी ईने नीजबानै दी

इज्जत निं करन मिट्टी तुंदे खानदानें दी

जिंदगी दी कोरी कोरी कताब ओआ दे

चंगे भले जानिंए खराब ओआ दे

******

गीत पटारु

गालें भरी सेयासत

गालें भरी सेयासत यरो केह करनी

जेड़ी घर घर लुआ लड़ाई केह् करनीं

रातो रात पार्टीयां लोक बलदाई लैंदे

बेचिये ईमान फ्ही धन कमाई लैंदे

फड़ीफैलां जैदा मारिऐ चट्टी कि भरनी

जेड़ी घर घर लुआ लड़ाई केह् करनीं

कोई निं हरदा पीड़ अज गरीबै दी

जनां खनां लताड़ैं बदनसीबै गी

जेह् पलची जा डोर गुड्डी नेईं चढ़नीं

जेढ़ी घर घर लुआ लड़ाई केह् करनीं

सौगे रौंणा लोको सिंग फसायो नेईं

सेयासत गंदी शैल अग्गें गैं बदायो निं

"पाली"आखे नफ़रत कुसै नैं नेईं करनीं

जेढ़ी घर घर लुआ लड़ाई केह् करनीं

******

मूंह् फेरी

ओ मेरे कोला मूंह् फेरियै लंग्गी गे
नैंन बलौरी तरिखे जान डंगी गे
रूत भारी ऐ ते कैह् बी भारा ऐ
मिलने दा रौंह्दा म्हेशां गै लारा ऐ
अस भोल भलेखे रंगें च रगीं गे
तेरा नेई कसूर ऐ ते आंऊ जाननां
हिरखै दे बैरी गी शैल करी पंनशानना
ओ मेरी गल्लै बदोबदी खंगीं गे
किन्ना रूप चढ़ेया जुआनी दे प्यार दा
मस्ती च जियां ऐह चना ठाठां मरदा
ओह् केश आखदे आखदे संगी गे
"पाली" निं सघंद चुक्कदा अपने प्यार दी
फुलें साई रक्खी लैणां असे दिलदार गी
ओ जदें जदें फ्ही तंद हिरखै दी गंडी गेया ।।

*†*****

जींदा रौग

दिक्खो जेढा जना अंद्धर बाउग उऐ उऐ माहूं बस जींदा रौग्ग
तालेबंदी गी,तुस मन्त्री लो भाई बा'र नेईं निकलो, बनीऐ शदाई
कोरोने दे कुते नीं, तरेटे चढ़ेओ खामखा तुस नेईं जानों मरेओ
जान बचग ते सबकिश थ्होग उऐ फीहू माहु जींन्दा रौग्ग
कोरोने दी नेईं कोई बनी दवाई हज़ारें लोकें तांईऐ जान गुआई
चंगा सोचगे अग्गे चंगा गी औग उऐ फ्ही माहु जींन्दा रौग्ग
खंघ ज़काम बखार कुसैगी आवै औखे साहू ते कन्ने मन घबरावै
मुफ्त लाज़ फ्ही अस्पताला थोग उऐ उऐ माहूं बस जींन्दा रौग्ग
दिक्खो जेढा जना अंद्धर बाउग उऐ उऐ माहूं बस जींन्दा रौग्ग

*****

करोने आला कैह्

झुल्ली गेआ कुत्थुं,करोने आला कैह् ऐ
सुन्ना सुन्ना ओआ कियां बसदा शै'र ऐ
सब किश ओआ बंद लागू लाकडाउन ऐ
करोने दिआं खबरां,ते मरनें दा गै फोन ऐ
मुट्ठी च फसी गेई जाँन,रोनां चत्तोपैर ऐ
मुक्की .....
बड्डु बड्डु खन्त्रीखां घरें च बड़ी गे
 पेही पेही अंदर,ओ आलूऐं आँगर सढी गे
फरको फरकी आला,किआं मुक्कनां ज़ैर ऐ
 मुक्की......
बड्डीआं हस्तीआं ताशैं आंगर डिग्गे दियां
 डेले गुआली गुआली,आपुं बिचैं चिग्गा दिआं
खबरै केह् करदे न ते खिन्ना क होर बैर
ऐ मुक्की ......
मिट्टी-घट्टे पर्दूशन दी,इक गल खास ऐह्
हर इक थाँह् दी,औईं, मुश्की हवा साफ़ ऐह्
दिक्ख हां मल्ला !! ए उऐ मंदरें आला शैर ऐ
 मुक्की ......

******

गीत पटारु

टैम लंघाई लैंना

जो बनाया सो असें खाई लैंना
असें हस्सिए टैम लंघाई लैंना

मेंनत कीती ते मेंनत गै करनीं ऐं
इक कोठू नेयानें लेई बनाई लैंना

असें करनी ए यरो खेतरें च गोड़ी
टोड़ू मक्कै दा सागै नैं खाई लैंनां

दींऊ ढग्गै दी जोग ए जगीर साड़ी
राइयै पैली एह़ ढ़ग लघांई लैंना

पट्टे राहैं न ते असें पटठे बड़ुनें न
 कुतरे– पोहा नैं माल रजाई लैंनां

सेयास्त गराएं पिंडें च आनीं पुज्जी
अपनेआपै झगड़े शा बचाई लैंनां

******

मनाग कोन

जे रुस्सी गेहृ तुस ते फ्ही म्राग कोन
फुल्ल हिरखै नैं जूड़े मेरे सजाग कोन

हुंदे रौंदे न निक्के-मुट्टे घरै च झगड़े
जफ्फी लग्गी दी साड़ी छडा़ग कोन

सेई रौंगे पिट्टु परतिऐ जेहृ दोए जनें
फैसला दस्सो हां दोनें दा कराग कोन

असर पौंदा ऐ भैडा़ नियानें प मढा़
रुट्टी प्यार कन्नै इनें गी खलाग कोन

ड़सदे तानें सप्प बनीं कलेजे शेक पौंह्टे
फ्ही मिट्ठी मिट्ठी आक्खियै बलाग कोन

हुंदा हिरखियें दा म्हेशा गै जग बैरी
'पाली' बिछडिऐं रुहें गी म्लाग कोन

******

हाल माढ़े दा

हाल माढ़े दा हुन कोई पुछदा गै नेईं
नीर नैंनै शा रोई रोईऐ सुकदा गै नेईं

लोक लंघी जंदे न कोला तको-तकी
इक मसाफर बी कोल रुकदा गै नेईं

सारी उमर मंदढ़े हाल ढ़ग टपांदे रेह्
गुआचीं जां जे तां कोई तुपदा गै नेईं

कीतीयां गरजां सबनें दियां में पूरियां
अज्ज पानीं दा घुट कोई पुच्छदा गै नेईं

ज़ख्म कोदे नैं दस्सां दिलै दे खोलिऐ
फोड़ा़ भरनफिस्सन ए सुकदा गै नेईं

'पाली' आनी फसी ऐ जान अदमजाटै
रोन जिंदुं दा आईमाई मुकदा गै नेईं

******

ठग गै मिले

जेढ़े बी मिले इत्थे यरो ठग गै मिले
नरम घट्ट सवा दे निरे अग्ग गै मिले

जेढा मिलदा ओ अपनी गै चलांदां
माड़िया़ चंगियां गल्लां शैल सनांदा
भरोसे दी चादरी निरे मग्ग गै मिले
नरम घट्ट सवा दे निरे अग्ग गै मिले

साक–नाते पांयें होन कुढ़म कबीला
 चढ़ेया रौंदा ए चुल्लै हर'लै पतीला
सेयानें साक घट्ट श'ढे जब्ब गै मिले
नरम घट्ट सवा दे निरे अग्ग गै मिले

रब्बा सलामत रौंन सब नाते ए सारे
इक्क दुऐ दे कम्म औन बनन स्हारे
लग्गे दे जियां कल ते अज्ज गै मिले
नरम घट्ट सवा दे निरे अग्ग गै मिले

******

गीत पटारु

तेयार उंदा रेया

में सुखनें इच रातीं तेयार उंदा रेया
मिगी मट्ठा मट्ठा तेरा नैं प्यार हुंदा रेया

तेरे कन्नें मिलनें गी दिल मेरा धड़कै
पलैं पलैं मेरी ए सज्जी अक्ख फड़कै
तेरे गमैं इच सच्चें में बुखार हुंदा रेया
मिगी मट्ठा मट्ठा तेरे नैं प्यार हुंदा रेया

सच्च सना'नां मिगी नींदर नेई ही पेई
भलेक्खाजन रेया कुतै नस्सी ते निं गेई
थत्थोवत्थी च तेरे नां दा जाप हुंदा रेया
मिगी मट्ठा मट्ठा तेरे नैं प्यार हुंदा रेया

इक रोज़ सुखना मिगी होर केहृ आया
रलिमिलीऐ दोस्तें लाड़ा मिगी बनाया
में गड्डी लेईयै रफेरे लेई तेयार हुंदा रेया
मिगी मट्ठा मट्ठा तेरे नैं प्यार हुंदा रेया

रब्बा तूं सुखनें अक्खें च सजाई रखेयां

घर च तूं साढ़े इज़्ज़त बनाई रक्खेयां

सुखना सजाईयै यरो शे'यार हुंदा रेया

मिगी मट्ठा मट्ठा तेरे नैं प्यार हुंदा रेया

सगंद कराई लो राती सुत्ता निं "पाली"

अक्ख खुल्ली जुस्लै तां उड्डी गेई लाली

मिगी फ्ही बी तेरे पर तवार हुंदा रेया

मिगी मट्ठा मट्ठा तेरे नैं प्यार हुंदा रेया

******

www.ingramcontent.com/pod-product-compliance
Lightning Source LLC
Chambersburg PA
CBHW031606150726
47990CB00001B/500